QUEM ME ROUBOU DE MIM?

Fábio de Melo

QUEM ME ROUBOU DE MIM?

O SEQUESTRO DA SUBJETIVIDADE E O DESAFIO DE SER PESSOA

2ª edição

EDITORA RECORD
RIO DE JANEIRO • SÃO PAULO
2025

CIP-BRASIL. CATALOGAÇÃO NA PUBLICAÇÃO
SINDICATO NACIONAL DOS EDITORES DE LIVROS, RJ

M485q
2. ed.

Melo, Fábio de, 1971-
    Quem me roubou de mim? / Fábio de Melo. - 2. ed. - Rio de Janeiro : Record, 2025.

    ISBN 978-85-01-92016-4

    1. Autoconsciência. 2. Teoria do autoconhecimento. 3. Autorrealização (Psicologia). 4. Relações humanas. I. Título.

23-87394

CDD: 158.1
CDU: 159.923.2

Meri Gleice Rodrigues de Souza - Bibliotecária - CRB-7/6439

Copyright © Fábio de Melo, 2013, 2024

Projeto gráfico de miolo: Adaptado do original de Alles Blau

Todos os direitos reservados. Proibida a reprodução, armazenamento ou transmissão de partes deste livro, através de quaisquer meios, sem prévia autorização por escrito.

Texto revisado segundo o Acordo Ortográfico da Língua Portuguesa de 1990.

Direitos exclusivos desta edição reservados pela
EDITORA RECORD LTDA.
Rua Argentina, 171 – Rio de Janeiro, RJ – 20921-380 – Tel.: (21) 2585-2000.

Impresso no Brasil

ISBN 978-85-01-92016-4

Seja um leitor preferencial Record.
Cadastre-se no site www.record.com.br
e receba informações sobre nossos
lançamentos e nossas promoções.

Atendimento e venda direta ao leitor:
sac@record.com.br

Para Tathiana Peloggia,
que me confiou o desamparo
que deu origem a este livro.

Há pessoas que nos roubam.

Há pessoas que nos devolvem.

Sumário

Apresentação	11
De Macondo, a cidade imaginada, à realidade dos relacionamentos abusivos	13
Quando somos estranhos a nós mesmos	23
Adentrando o tema	30
Um esclarecimento necessário	32
Uma história para começar	37
O sequestro do corpo e a privação do horizonte de sentido	39
A identidade: limites e possibilidades	41
Quando digo o que sou...	45
O esquecimento do ser	47
A condição de vítima	49
O preço do resgate e seu valor simbólico	53
Depois do cativeiro, o aprendizado	57
Retorno	60
A subjetividade e suas implicações	63
É natural...	66
O sequestro da subjetividade	67
A maturidade	70
Os contextos dos sequestros	71
O contexto familiar	73
O contexto religioso	75
O contexto profissional	78
O contexto das amizades	79
O contexto do amor conjugal	81
Alguém	83
Da sedução ao cativeiro	85
O mundo e seus cativeiros	89

Dois casos de sequestro 95
Ser pessoa é ter a posse de si 101

Pedido 108

O equilíbrio dos pilares 109
   Violências declaradas e violências veladas 112
      O grande agressor 114
      A agressora de porcelana 117
      O pequeno agressor 121
Liberdade: do significado à realidade 125
Exercitando liberdades: liberdade fundamental
e liberdade eletiva 131

Vir a ser 138

Entre o desejo e o prazer 139
   A vida sob o foco do desejo 141
   A vida sob o foco do prazer 145
O mito e suas sugestões 153
   O mito do amor romântico 157
   Amor perfeito? Só nos jardins 165

O príncipe e a sapinha sincera 170

Sequestros virtuais 173
Superando as idealizações 179
   O equívoco do amor 182

Egoísmo 188

Construindo relações simbólicas 191

Banquete 196

Jesus e seu olhar simbólico 197

Olha devagar para cada coisa... 203

Eu procuro por mim... 204

Abrindo os cativeiros 205

Apresentação

Este livro está comprometido com o desejo de lhe fazer bem. Desde a sua primeira publicação, em janeiro de 2008, recolho por onde vou a certeza de que o meu comprometimento surtiu efeito. Milhares de pessoas repensaram suas vidas a partir da reflexão sugerida por ele. Depois de tantos anos de sua primeira publicação, reencontro a satisfação de tê-lo escrito e de vê-lo ganhando novos caminhos, chegando às mãos e mentes de tantos leitores. Apesar do tempo decorrido, a questão continua atual. Por isso, movido pelo desejo de rever o texto, que há muito foi escrito, aproveito para reescrevê-lo, atualizá-lo, corrigi-lo, ampliá-lo. A problemática que envolve os contextos do sequestro da subjetividade merece permanecer no âmbito das experiências que proporcionam o autoconhecimento. Eu não posso pensar quem sou sem recrutar os vínculos dos que são comigo.

Como trataremos ao longo do livro, eu só desfruto da condição de pessoa quando, estando na posse de quem sou, ofereço-me aos outros. Ser de si e ser com/para os outros são duas exigências existenciais que requerem muito esforço, lucidez e disposição.

Dispor de si é uma dádiva de que só se desfruta em constante estado de reflexão, exercício diário de escrutinar as escolhas que fazemos, reavaliando a qualidade dos vínculos que compõem a nossa ambiência emocional/afetiva.

A subjetividade é uma construção que realizamos em constante estado de colaboração. O florescimento de nossa essência, o escopo existencial que comporta nossa verdade, é acompanhado pelas pessoas que exercem autoridade afetiva sobre nós. Eles funcionam como instâncias que confirmam ou negam a veracidade do que garimpamos de nós. A idiossincrasia é um mosaico que desvelamos à custa de muitas intervenções. Por sermos naturalmente permeáveis, pois a fragilidade das primeiras idades nos faz assim, somos facilmente comandados pelos que nos regem, fato que pode comprometer a lida com a nossa verdade. Com o tempo, com o desenvolvimento da maturidade, é que poderemos conquistar os mecanismos de defesa que nos auxiliam na luta por nós mesmos. Fruto deste amadurecimento, a autonomia nos concede a ardilosa desenvoltura do autogoverno, nunca entregando ao outro, por mais que por ele sejamos amados, a primazia da governação.

Este livro é uma aventura desejada, nascida de um desassossego provocado por lágrimas que chorei, mas também por lágrimas que consolei. Considere-o como uma pequena viagem, cujas estradas passam por mim e pela vida de pessoas que cruzaram o meu caminho. Ouvir histórias é um privilégio que meu ofício me proporciona. Costumeiramente fico diante de relatos que me facilitam compreender os infindáveis prismas da enigmática condição humana.

É possível que você se reconheça em algumas histórias. É provável que as teorias aqui tratadas lhe agucem os sentidos. Afinal, quem nunca roubou ou foi roubado de si mesmo? A viagem vai ter início. Agradeço por estar comigo. Precisamos dilatar as consciências que temos acerca de nossas verdades. É assim que Deus ganha espaço em nós. Quanto mais conscientes do que somos, fazemos e podemos, muito mais próximos estaremos da realização para a qual fomos projetados. Eu não sei se você, nobre leitor, se ajoelha diante de algum altar. Caso não, ou independente de qual seja, é natural que você se reconheça como um lugar de dignidade, território que em hipótese alguma pode ser negado ou subjugado ao desrespeito. Crentes ou não, somos todos humanos, necessitados das mesmas reverências. Sacerdote que sou, encontrei meu eixo antropo/filosófico na Teologia Cristã. Ela tem avançado muito na compreensão de que a realização humana é o mesmo que Revelação de Deus. Essa tem sido nossa crença. Onde houver um ser humano realizado, nele Deus estará revelado. Dialogando com outras culturas religiosas, percebo que o empenho é perpassado pelo mesmo desejo: aperfeiçoar a condição humana, superar os condicionamentos que a privam de manifestar sua natureza sublime, quebrar a côdea da vida irreflexa, tornando a experiência de ser quem somos maravilhosamente divina.

Queiramos isso. Sempre. Até o fim. O fim que nunca termina.

De Macondo, a cidade imaginada, à realidade dos relacionamentos abusivos

Eu sempre fui reticente à utilidade da Literatura. Leitor desde criança, nunca optava por obras assumidamente interessadas em direcionar-me a uma aplicabilidade prática do conteúdo escrito. Já sensibilizado pela desnecessária e bela *Ilíada* de Homero, preferia as que me desamparavam, deixavam-me ao léu, no ermo insondável dos meus sentimentos. O que fica como ensinamento não era o mais importante. A mim bastava o deleite da inútil mas irrenunciável beleza.

Tinha ainda um outro diferencial. Minha natureza melancólica clamava por personagens complexos, feridos, à margem da normalidade e do curso trivial da vida. Recordo-me com redobrada satisfação quando, aos 16 anos, pude ler *Cem anos de solidão*, obra do consagrado escritor colombiano Gabriel García Márquez.

A saga centenária da família Buendía-Iguarán deixou lastros definitivos em minha alma. A leitura da obra provocou uma fecunda experiência de assombro existencial em mim. José Arcádio Buendía e sua incansável busca de compreensão dos processos alquímicos, sua sede pelo futuro. Úrsula Buendía, a mulher que parecia resignada, mas trazia nas mãos todos os comandos. O êxodo que os levou à fundação de Macondo; depois a permanência, o sangue da família selando terra e descendência, tudo orbitando num contexto mágico, de maneira que o autor construía uma teia delicada que nos permitia entender os acontecimentos da família como acontecimentos que envolviam toda a humanidade. Gabriel, com a amálgama das palavras, selava loucura e sanidade, ficção e realidade, ensinando-me que só abrimos um livro para lê-lo porque a vida que temos não nos basta.

A literatura e sua faculdade de nos fazer entender quem somos. A vida inventada sendo espelho onde nos enxergamos tão reais, fictícios, participantes, excluídos, amados, odiados, condenados e absolvidos.

Sou muito grato aos que me incentivaram o gosto pela leitura, pois, desde muito cedo, passei a entender a dimensão imagética do sagrado ofício dos escritores: criar no leitor uma Macondo imaginária, uma cidade onde todos os conflitos humanos se aconchegam num mesmo banco de praça, um lugar que não carece de espaço nem tempo para existir, mas que se constrói de formas diversas, sim, pois cada leitor vai erigi-la de acordo com a sua idiossincrasia, no exercício de muito imaginar.

Eu andei por muitas Macondos. Trilhei os sertões de Guimarães Rosa, adentrei o barroco de Autran Dourado, o realismo de Machado de Assis, o lirismo de Carlos Drummond de Andrade, o cotidiano místico de Adélia Prado, fartei-me com a criativa economia de palavras de Graciliano Ramos e com as sagas históricas e comoventes de Erico Verissimo, alimentei-me de poesia com as descrições minuciosas de Marcel Proust. Poderia citar muitos outros, mas me atento a esses mestres da palavra que polvilharam minha adolescência e juventude com tramas sensíveis e arrebatadoras.

Eu também quis escrever histórias. Meu primeiro livro foi *Tempo: saudades e esquecimentos*, crônicas fortemente influenciadas pelo mestrado em Teologia Dogmática que eu acabara de fazer. Minha dissertação falava justamente do Sagrado no tempo, do cotidiano como um lugar epifânico, pleno de assombros criativos e profundos mistérios. Foi uma experiência literária simples, despretensiosa, marcada por personagens que imaginei, mas também vi de perto. Um misto de reminiscências e alucinações que me indicaram que a ficção requer muita realidade para ser construída.

Mas o meu segundo livro, este que agora você tem em mãos, caro leitor, traía drasticamente o meu desejo de nunca ceder à literatura aplicada. O meu projeto de escrever ficção ficou temporariamente engavetado.

Quem me roubou de mim? não nasceu por acaso. Ele não foi o resultado de um projeto fielmente planejado ou desejado. Não, os seus suspiros iniciais, ou o primeiro arroubo metafísico, aconteceram numa noite na casa de minha querida amiga Rose Melo, em Taubaté, durante uma festa. Naquela hora, eu acabava de conhecer Tathiana Peloggia, uma moça muito bonita, engraçada, bem-humorada e inteligente que, sem rodeios, rindo do próprio infortúnio, relatou-me a saga que vivia com um namorado na época. Ela me confessou: "Ele me faz mal, eu sei que ele me faz muito mal, mas não consigo sair do relacionamento." Já sob o efeito de uma taça de vinho que ela dizia ser só "para dar um brilho nos olhos", continuava: "Não acho ele bonito, ele é mal-humorado, não tem nada a ver comigo, é muito mais velho do que eu, sei que poderia arrumar outro namorado muito melhor, mas não consigo romper com ele. Estou aprisionada nesse dilema." Pronto. Ali o livro começou a nascer. Numa conversa despretensiosa, eu estava diante de alguém que experimentava o cativeiro dos afetos. A palavra "aprisionada" ressoou dentro de mim. O sofrimento de Tathiana, apesar de ter relatado sorrindo a sua história triste, tocou-me profundamente. Existia uma tristeza no avesso daquela alegria. Saí daquela festa já decidido que escreveria algo sobre relacionamentos abusivos. Foi o primeiro passo que dei rumo à traição do meu propósito como escritor. Saí do projeto de criar Macondos, a exemplo de Gabriel García Márquez, e adentrei definitivamente os umbrais da lista dos mais vendidos da *Veja*, que insistiria em classificar meus futuros livros de contos – *Mulheres de aço e de flores*, *Mulheres cheias de graça* e *Orfandades* – como "autoajuda".

Eu gosto de escutar o que Deus me diz. E como nunca fui adepto de uma espiritualidade que desvincula o céu da terra, acreditando que Deus fala com voz de trovão, identifiquei imediatamente que Deus tinha falado comigo por meio de Tathiana Peloggia. Naquela noite, Ele desceu do seu trono de glória, abriu mão do comando do mundo e sentou-se à mesa comigo. Ele tinha rosto e voz de mulher, e o brilho nos olhos estava ligeiramente alterado pelo espírito de Baco.

Naquela noite não nascia apenas um livro. Nascia um projeto de vida. Entendi que minha forma de evangelizar passaria diariamente pelos conflitos humanos. Eu me especializaria em mergulhar em nossas mazelas na dinâmica restauradora do Evangelho. Decidi que meu sacerdócio seria exercido refletindo as questões humanas à luz da fé, mas também da Filosofia, da Arte e da Psicologia que tanto me despertaram interesse e curiosidade. Ousaria falar de valores cristãos e de questões pertinentes a eles sem nem mesmo tocar no nome de Deus. Usaria tudo o que ao longo da vida pude estudar e conhecer dentro das universidades que cursei, mas, sobretudo, que pelas mãos da ficção eu recebi. As histórias imaginadas, as narrativas que perpassavam o subterrâneo do mundo, trazendo à luz os sentimentos mais obscuros, concedendo-lhes as abluções que curam, iluminam, regeneram e purificam.

Eu misturaria ao meu discurso o que pude aprender com as contradições de Rosalina, a mulher do sobrado que Autran Dourado eternizou em *Ópera dos mortos*; eu costuraria à minha fala a singeleza do amor sob disfarce de Riobaldo por Diadorim, presente de Guimarães Rosa à minha sensibilidade. O gênio mineiro de Cordisburgo me ensinou uma das mais preciosas lições: há sempre uma terceira margem do rio, a realidade que vemos nunca abarca a totalidade; eu mergulhei minhas convicções nas de Ana Terra, Bibiana, Rodrigo Cambará, registrei em minha alma o delicado casamento entre o tempo e o vento, sugerido pela assertiva e histórica construção literária de Erico Verissimo; eu filiei-me ao lirismo de Carlos Drummond de Andrade, tornei-me atento à metáfora da pedra no meio do caminho, ao desolamento de José, ao sofrimento que se desdobra da quadrilha dos amores imperfeitos; assimilei a secura das vidas de Graciliano Ramos e com ele aprendi a enxaguar as palavras, a exemplo das mulheres alagoanas que ele observou, testificando que a palavra não carece de enfeite para dizer; pedi a adoção de Adélia Prado, quis sua delicadeza poética de descobrir na grandeza do leão a grandeza de Deus, ou de ver na mulher recolhendo ovos no galinheiro a mais aprazível rotina; aprendi com a ironia de Machado de Assis, fui arrebatado por sua proeza literária de colocar um morto para contar sua história, recheando-a de porções mágicas de realismo, fazendo corar o mais honesto dos homens, levando-o a perceber que há uma Capitu em cada um de nós, que basta um leve descuido para que sejamos traidores, ou não. A eterna dúvida, o contraponto para a fé.

E aqui estou eu, filho da ficção a comemorar o êxito desta obra tão facilmente aplicável, livre de lirismo, desprovida de encantos estéticos, num formato que imagino ser de chave. Sim, assim visualizo o corpo deste menino chamado *Quem me roubou de mim?*. Uma chave. Pronta para abrir mentes aprisionadas e aprisionadoras. Pronta para abrir e arejar consciências, restituir liberdade, abrir cativeiros afetivos, conceder alforria a sequestrados e sequestradores.

Ao longo de minha breve trajetória como escritor, *Quem me roubou de mim?* foi o livro que mais me concedeu retorno dos leitores. Ele mudou a vida de muitas pessoas. Publicado inicialmente pela Editora Canção Nova, a quem sou imensamente grato por tê-lo aceitado, permaneceu mais de oitenta semanas na lista dos livros mais vendidos do Brasil. Mais tarde, reeditado pela Editora Planeta, alcançou novo fôlego e chegou a muitos outros lugares. Em 2016, cruzou o Atlântico e foi parar em Portugal, publicado pela Nascente, chancela da Editora 20/20, tornando-se um dos livros mais vendidos naquele ano. Agora, nesta casa que abriga autores que contribuem diuturnamente para a educação de minha sensibilidade, com novo rosto, algumas correções, acréscimos, subtrações, ganha um novo fôlego e chance de continuidade.

Não é raro ser abordado por leitores que querem comentar o resultado deste livro em suas vidas. Geralmente são pessoas que também experimentaram o cativeiro dos afetos. Essa identificação não é sem motivos. É muito comum ver o amor ser vivido como posse, a violação dos direitos do outro como proteção, a escravidão como doação, o sequestro da subjetividade como conquista.

A imaturidade emocional, tão comum nos nossos dias, é o ponto inicial para o equívoco. Pessoas que ainda não se possuem querem se oferecer. Uma contradição. Não posso dar aquilo que ainda não tenho. Sem autoconhecimento, sem a mestria de saber lidar comigo, na posse de minhas capacidades e limites, terei imensa dificuldade em lidar com os outros. Sem o amor-próprio, sem o primeiro alicerce do ser pessoa, jamais serei capaz de amar alguém, tampouco ser amado.

Sob a ditadura da pressa, da prematuridade, os encontros deixam de ser burilados pelo tempo. Tudo acontece sob as regras do pragmatismo, relacionamentos que não são submetidos à reflexão, ao crivo do confronto positivo, ao enfrentamento que permite desvelar o papel das partes na construção do relacionamento. A vida pós-moderna, como tão bem sugeriu o sociólogo e filósofo polonês Zygmunt Bauman, caracteriza-se por ser líquida. A fluidez excessiva de tudo o que nos cerca priva-nos do amadurecimento emocional. Ainda que estejamos rodeados de tecnologias de última geração, o coração humano continua rudimentar como uma roda d'água. A linguagem que educa os sentimentos continua sendo artesanal, requerendo demora, pois é processual.

Pois bem, caro leitor. Seja para fazer da obra uma primeira leitura, ou para guardar esta edição mais refinada, como símbolo de uma leitura que um dia lhe fez bem, é com imenso prazer que eu e a Editora Record lhe apresentamos a nova edição de *Quem me roubou de mim?*. Sou imensamente grato a todos os leitores que recomendaram, presentearam, emprestaram, enfim, que fizeram esta obra chegar a tantas pessoas. Agradeço de forma especial aos psicólogos, que, mesmo cônscios de que a obra não foi escrita por um profissional da área, mas sabedores de que ela poderia ajudar na reflexão sobre os conflitos comuns em relações abusivas, recomendaram a leitura a tantos pacientes.

Por fim, agradeço à minha querida amiga Tathiana Peloggia. Foi a partir de sua história que eu reconsiderei a minha opção de não ceder à necessidade de criar narrativas com finalidades práticas. Eu continuo pensando que a arte perde sua força quando se torna "engajada", mas também considero que posso transitar pelos dois caminhos. De vez em quando eu me recolho em Macondo, e lá experimento o deleite de criar mundos, inventar histórias, nomes, pessoas e conflitos imaginários. Mas de vez em quando eu volto ao cerne da realidade, ao térreo que me coloca diante de pessoas que sofrem com suas escolhas e necessitam de uma chave que seja capaz de abrir portas e reorientar condutas. É nesta hora que eu redescubro a outra face do meu ofício: escrever livros continua sendo uma forma eficaz de fazer companhia a alguém.

Com gratidão e carinho,
Fábio de Melo

Que mundo é este, que facilita os encontros,

mas nos torna estranhos a nós mesmos?

Quando somos estranhos
a nós mesmos

Não me propus a escrever um ensaio teológico. Tampouco um tratado de antropologia especializada. Este livro se limita a ser uma reflexão sobre os cativeiros afetivos e suas desastrosas consequências sobre aqueles que os protagonizam.

Não, não tenho o desejo de abarcar todos os desdobramentos do amplo contexto em que se situa o *sequestro da subjetividade*. Meu desejo é simples, menor. Limito-me a convocar o leitor a olhar para os seus relacionamentos, identificando neles posturas que possam nutrir, em nome do amor que dizemos sentir, uma postura que atenta contra a sacralidade do outro, negando-lhe o direito de exercer o mais belo dom recebido de Deus: a liberdade interior.

Como já disse anteriormente, este livro é fruto de um desassossego. Vi de perto muitas pessoas perderem épocas preciosas de suas vidas, ou até mesmo a vida inteira, porque estavam encarceradas em relacionamentos altamente destrutivos, nocivos. Pessoas que, sem perceber que o faziam, desperdiçavam suas existências com sonhos que não eram seus, sacrificando de maneira equivocada os seus dias, limitando-se a cumprir um papel que lhes impuseram, incapazes de quebrar a clausura construída por seus algozes.

A vida tem me ensinado. Em nome do amor cometemos crimes hediondos. Em nome do amor aprisionamos, condicionamos, cerceamos esperanças, despersonalizamos, impomos fardos. Esses crimes nem sempre são noticiados. Nunca vimos alguém ser condenado como criminoso por ter mantido durante anos e anos outra pessoa nos cativeiros de seu egoísmo. Não é comum ver uma esposa, depois de longo tempo de agressões psicológicas, que a impediram de desenvolver suas potencialidades, pedir à Justiça que seu marido pague pelo mal cometido, ou vice-versa.

Não é comum que um filho denuncie os pais por o terem forçado a abortar os próprios sonhos, subjugando-o a viver por eles a vida que eles gostariam de ter vivido. Não há registro de que alguém tenha pedido indenização, ainda que simbólica, pela vida que foi desperdiçada em torno de um amor que nunca foi amor.

O motivo é simples. Esses crimes nem sempre geram materialidade. Eles são subjetivos. Nós os cometemos diariamente e nem sempre nos atentamos de que os realizamos. É como se já estivessem justificados por uma prática comum, irrefletida, da qual participamos como se isso não causasse prejuízo a nós e aos outros. É assim mesmo. A não reflexão sobre a atitude criminosa funciona como delicada base de verniz que aplicamos para nos proteger de nossa covardia.

Ledo engano. O silêncio do crime não nos exime da sentença. Mais cedo ou mais tarde ela nos será entregue. A criminosos e vítimas. Chega-nos pelos braços do tempo, quando este, sem nenhuma piedade, deposita sobre nossa alma a desconcertante conclusão de que o vivido não valeu a pena. O amargo existencial é o residual que nos indica que estivemos na cena do crime.

É a partir desse outro desassossego que começo. A humanidade se distancia assustadoramente de sua essência. É como se caminhássemos num caminho contrário, avançando por um tortuoso percurso de desumanização, desaprendendo e perdendo as características que nos distinguem de todos os outros seres criados: a capacidade de atribuir sentido ao que vivemos. Somos cada vez menos esclarecidos quando o assunto somos nós. Conhecemos de cor o funcionamento de uma máquina, mas temos dificuldade de compreender uma lágrima humana. Nota-se uma crescente incapacidade humana de lidar com as questões que nos dizem respeito. Quando a dor existencial nos chega, quando o vazio se apodera de nós, precisamos pagar para que alguém nos interprete e nos dê uma fórmula mágica para atenuar a dor.

Estamos indispostos para discutir com profundidade os problemas que nos afetam. Às vezes, numa tentativa de não viver os enfrentamentos que são inerentes aos processos que nos educam, procuramos a química do entorpecimento. Substituímos o luto por vícios. Fugimos de tudo o que nos exija os esforços que fortalecem o espírito.

Trocamos a cultura pelo entretenimento. Estamos cada vez mais distantes dos rituais que nos permitem acesso ao profundo do mundo. Trocamos o prazer da obra pelo resumo. A tudo queremos simplificar, como se a complexidade da vida pudesse ser vaporizada por estarmos indispostos a ela. A poética, linguagem por excelência que nos conduz ao coração das coisas, tem sido constantemente banida. Prevalecem as fórmulas chulas, rasas, pretensiosamente prontas, mágicas, engraçadas – reconheço –, mas incapazes de abarcar o que é profundo. Com isso nos limitamos a tocar a primeira pele das questões. E só.

Identifico algumas explicações para isso. As revoluções industriais contribuíram muito para a alteração antropológica que identificamos entre nós. As mudanças na forma de produção repercutiram no comportamento humano. O que antes era manufaturado de modo artesanal passou a ser produzido em série. Com isso, iniciamos a época das grandes tecnologias. As indústrias se empenharam em criar maquinários que aumentassem a produção e ao mesmo tempo diminuíssem o período de duração do processo.

Assim, começamos a sofrer o que considero a mais radical mudança que a modernidade nos trouxe: a nossa relação com o tempo. Com boa parte da supressão da produção artesanal e do modo de vida social que ela fomentava, o ser humano foi inserido numa nova ordem cronológica. As máquinas exigiam das pessoas um comportamento automatizado, não permitindo a intervenção criativa, tampouco a pausa repositora. A relação patrão-funcionário passou a ter as características que neste livro refletimos como "sequestro da subjetividade".

Não sou perito nessas mudanças, mas ouso dizer que as novas relações de trabalho, estabelecidas pelas revoluções industriais, plantaram o que hoje colhemos como apatia, autodesconhecimento, comportamento de rebanho. Um rebanho ansioso, pragmático, pois as facilidades da tecnologia dificultaram nossa relação com as esperas. O tempo das demoras, que antes fazia parte da nossa vida, foi sendo cada vez mais dispensado pela eficiência do mundo técnico.

Mas o que tem a ver a nossa nova relação com o tempo com a indisposição que tem sido tão comum quando o assunto gira em torno das questões fundamentais da existência? Qual é a relação que podemos estabelecer entre os sequestros da subjetividade e a nossa incapacidade de administrar esperas que nos legou a Revolução Industrial? Não sei ao certo como tentar responder a essas perguntas. Elas são muito sugestivas. Perguntas sugestivas indicam uma infinidade de respostas possíveis. Não pretendo esgotá-las, nem tenho condições para tal. Mas podemos criar uma teia reflexiva que nos permita pensar um pouco sobre elas, e, quem sabe, chegar a alguma conclusão. Ou não. Não é sempre que podemos responder às questões que nos inquietam. Mas não responder é bem melhor que não perguntar, pois são as boas perguntas que nos mantêm vivos.

A mudança do mundo acarreta uma inevitável mudança do ser humano. É certo que a produção industrial em série submeteu o ser humano a movimentos repetitivos, rápidos, limitando-o a ser uma parte do grande mecanismo em que estava inserido. Esta é a palavra: tornou-o "mecânico", parte de uma engrenagem cujo funcionamento depende de seu movimento coordenado. Sabemos que o ritmo de trabalho era extenuante, como é até hoje. Ao chegar em casa, cansado, desmotivado, pois o trabalho que não permite a criatividade esgota, tinha pouca disposição para outra coisa senão alimentar-se e dormir.

Estamos no auge desse processo. É a época que nos pertence. As gerações futuras protagonizarão outro auge. Mas no agora que temos, identificamos a humanidade ainda mais absorvida pelos desdobramentos da mudança de nossa relação com o tempo.

Absorvidos pelos cansaços da vida que vivemos, pouco tempo nos resta para o cultivo de uma vida interior. Quando falamos de vida interior, reportamo-nos ao direito de experimentar as realidades que nos favoreçam a transcendência, o natural movimento que nos retira do tempo para a ele nos devolver revigorados. Falamos da possibilidade de, por meio dessa transcendência, acessar cada vez mais o coração de nossa verdade pessoal, permitindo-nos a renovação do sentido da vida, a posse de nós mesmos, levando-nos ao autoconhecimento que nos favoreça relacionamentos mais saudáveis, livrando-nos da possibilidade de protagonizarmos, de um lado ou de outro, o crime do sequestro da subjetividade.

Se por um lado a modernidade nos causou prejuízos, por outro, nos trouxe benefícios. As ciências humanas evoluíram consideravelmente. Estamos ricamente munidos de possibilidades para administrar nossos conflitos. As religiões também avançaram. Inseriram em suas teologias as dores humanas. Ousaram colocar um cheiro de gente nos altares sagrados. Consideraram que o discurso religioso não pode se limitar aos lugares santos, tampouco ser uma reflexão sobre Deus, abstraindo dela a condição humana. Ele precisa alcançar os motivos humanos, as atualidades em que a fé se encarna.

E assim nos posicionamos diante do passado. Prejudicados e favorecidos. E, a partir dessa consciência, voltamos nossos olhos para os desconfortos que experimentamos hoje. É importante ressaltar que o sequestro da subjetividade não é um problema de nosso tempo. É certo que o despropósito do acorrentamento afetivo acontece desde que o mundo é mundo. O fato é que o avanço das ciências humanas que nos beneficiam nos dá condições de identificá-lo.

E assim chegamos ao cerne da segunda pergunta. Nossa incapacidade de esperar está favorecendo o crescimento das relações sequestrantes?

É natural que sim. Desaprendemos o movimento artesanal da vida. Perdemos a paciência de deixar fluir os processos normativos que favorecem o conhecimento, o esclarecimento, o amadurecimento saudável. Nossas urgências cotidianas nos apressam cada vez mais. Nossos encontros seguem as mesmas regras. O despreparo pessoal, fruto de nossa incapacidade de dispensar tempo a nós mesmos, empurra-nos aos braços de outros que viveram a mesma negligência. Os sequestros são iniciados assim. Desconhecidos de si mesmos querendo conhecer outros. Tal conduta gera uma enorme incidência de desencontros. Pessoas se apaixonam pelo que inventam. Enxergam no outro o que buscam em si mesmas. Querem encontrar no outro o que deveriam encontrar em si. É o que mais vemos. Equívocos emocionais que chamamos de namoro, amizade, casamento. Eles não são por acaso. São consequências naturais de um jeito de ser e de viver que está na moda, por isso estão tão frequentes. Cada vez menos nos dedicamos ao artesanato da construção afetiva, ao conhecimento que nos aproxima e favorece vínculos que nos enriquecem, pois requerem esforço, dedicação, tempo. E nós estamos apressados demais para isso.

O quadro descrito nos permite identificar que há um retrocesso. É como se uma involução estivesse nos encaminhando a um desaprendizado existencial, como se perdêssemos a capacidade de compreender quem somos, como se estivéssemos vivendo um afastamento do que é realmente humano, uma indisposição a nós mesmos.

Pode ser que o mundo técnico tenha nos absorvido mais do que deveria. Pode ser que tenhamos invertido a ordem das coisas. A tecnologia deixou de nos servir, nós é que passamos a servi-la. Ficamos excessivamente afeitos aos modelos contemporâneos de comunicação. Adotamos, para nossas relações pessoais, a mesma técnica da produção industrial em série, aquela que encaminhou o mundo ao paraíso tecnológico e à aridez emocional.

As redes sociais nos concedem a ilusão de que temos uma infinidade de amigos, conectam-nos com milhares de pessoas com quem dizemos compartilhar nossa vida. Produção em série. Apertamos uma tecla e a mensagem mentirosa aparece: "Pronto, agora vocês são amigos." É a varinha de condão que um dia já fez parte de nosso imaginário. Mas ela não faz o mesmo que fazia no passado: despertar-nos a criatividade. Não, ela agora desperta a ilusão, desencadeia a compreensão infantil de que número de curtidas é amor, que opiniões de quem não nos conhece são importantes, e que os milhares de seguidores que temos seriam capazes de passar uma noite no hospital ao nosso lado.

Para muitos, a vida virtual trocou a criatividade por ilusões patéticas. Reassumimos os contos de fada. Permitimos, ainda que inconscientes, que a amizade virtual nos retire da necessidade de construir artesanato afetivo com os que nos cercam. Damos mais atenção à "diva pop" que desconhece a nossa existência do que à mulher que nos espera com o jantar pronto.

Então, o prejuízo. As horas que poderíamos aproveitar com uma boa leitura, um bom filme ou uma boa conversa, desperdiçamos na manutenção de um perfil virtual em que prevalecem os assuntos superficiais, as contendas, as disputas pela notoriedade.

Um jeito moderno de ser. Um modo de vida mais voltado para fora do que para dentro, cheio de alegorias pobres, pessoas caricaturadas que fingem simpatia para vender seus produtos, desprovido de intimidade, marcado pela necessidade de excessivas comunicações, e-mails, novas postagens, textos encaminhados, curtidas, fotografias legendadas com versículos bíblicos, posts que expõem uma intimidade que nunca deveria pertencer ao outro.

A vida em praça pública, onde cada transeunte leva consigo os instrumentais que os publicizam ao mundo. Os aparelhos companheiros que nunca saem das mãos, instrumentos que facilitam o acesso, mas dificultam os encontros; viabilizam as trocas virtuais, mas prejudicam as conversas presenciais, a intimidade.

Esse estilo de vida nos conspurca o que temos de mais precioso: a consciência do momento presente. Dificilmente estamos inteiros onde estamos, com quem estamos. Presos nas inadequações inalteráveis do passado, ou nas ansiedades provocadas pelo futuro, perdemos a percepção do eixo histórico em que estamos situados. A alienação retira-nos da necessidade de encarar nossas questões. Com isso, ficamos estranhos ao que sentimos, e o pior, ao que fazemos com o que sentimos.

Indispostos a nós mesmos, encontramos os outros. E porque estes também estão indispostos, iniciamos os relacionamentos que nos encaminham aos crimes da subjetividade, ao desrespeito da alteridade, ao desarmonioso modo de pertencer e estabelecer vínculos.

O desconhecimento dos meandros afetivos é cada vez mais comum. As pessoas sofrem, mas não sabem por que sofrem. Sendo assim, ficam impossibilitadas de chegar à origem do desconforto. Um pouco mais de reflexão e o sofrimento ganharia um caráter redentor. Questões pequenas, quando não resolvidas em tempo, avolumam-se, tornam-se montanhas aparentemente intransponíveis. O instrumental que pode nos fazer transpor o obstáculo é o mergulho em nós mesmos.

Por isso este livro. Para pensarmos juntos a possibilidade de refletir a maneira como vivemos. Quem sabe, ao longo da leitura, a gente se motive a abrir portas, mudar atitudes, romper cativeiros, acender luzes, promover liberdade em nós e nos outros.

Adentrando o tema

Tenho consciência de que exerço uma autoridade religiosa sobre muitas pessoas. Sendo quem sou, fazendo o que faço, toco diariamente as dores do mundo, os calvários da humanidade. Escrever sobre eles é sempre um desafio. A palavra é inapta para alcançar o coração de tudo o que nos dói.

As dores são muitas. Resolvi eleger uma delas: o sequestro da subjetividade. A expressão não é comum. É provável que muitos nunca tenham ouvido falar dela. A palavra sequestro já é absolutamente familiar a todos nós. Habitualmente acompanhamos pelos noticiários casos de pessoas que são separadas de suas famílias e mantidas em cativeiros. É o sequestro do corpo. A violência costuma seguir um ritual. Após apartar a pessoa de sua vida, de seu lar, de seus familiares e amigos, estabelece-se uma negociação cuja meta é estabelecer o valor a ser pago aos sequestradores. O desfecho dessa modalidade de violência dependerá do resultado dessa negociação. O sequestro do corpo é uma forma de roubo. Alguém é materialmente levado de seu meio. Alguém é covardemente submetido ao temporário afastamento de seu mundo pessoal, ficando em mãos de sequestradores, estranhos que objetivam arrancar um valor financeiro da família da vítima.

O sequestro da subjetividade se refere a outra forma de afastamento. Nesse caso, a privação mais danosa é a que sofremos de nós mesmos. Estamos falando de um vínculo que mina nossa capacidade de ser quem somos, de pensar por nós mesmos, de exercer nossa autonomia, de tomar decisões e de exercer nossa liberdade de escolha. Trata-se de um roubo silencioso que nos leva de nós. Esses sequestros são acontecimentos comuns que não são noticiados. São sutis, mas altamente destruidores, uma vez que fragilizam e impossibilitam o ser humano de viver a realização para a qual foi feito.

Veja bem, este livro se propõe a refletir brevemente sobre os malefícios dessa perda de pertença. O seu principal objetivo é lançar luzes sobre as relações humanas, que, num contexto de atitudes socialmente aceitas, realizam o mesmo movimento de rendição próprio da relação entre sequestrado e sequestrador. Por isso, partimos dessa primeira modalidade de sequestro, evidenciando que, sempre que uma pessoa é retirada de seu mundo particular e subjugada aos maus-tratos de um cativeiro, inicia-se nela um terrível processo de submissão, que a conduzirá à condição de vítima. Vitimada, a pessoa abre mão de si mesma e passa a obedecer às ordens e aos desejos de seu algoz.

Paralelamente ao sequestro do corpo, colocaremos a questão do sequestro da subjetividade. Como já dito, o roubo da subjetividade nasce a partir de toda relação que priva o ser humano de sua disposição de si, de sua pertença e que o priva de administrar a própria vida.

O sequestro da subjetividade pode acontecer em todas as instâncias de relacionamentos. Nenhuma relação humana está naturalmente impedida de se transformar em roubo, perda de identidade, ainda que as pessoas nos pareçam bem-intencionadas. Um só descuido e as relações podem evoluir para essa violência silenciosa. Basta que as pessoas se percam de seus referenciais, que se distanciem do verdadeiro significado de *proteção*, que confundam o amor com posse, que abram mão de suas identidades e que se ausentem de si mesmas.

As consequências dessa violência são nefastas. Nada pode ser mais cruel do que ser privado de si mesmo. Sim, abrir mão de ser quem é, não ter coragem de romper com os condicionamentos que nos impedem de edificar a própria vida. A todo instante, encontro pessoas tendo de lidar com o mal-estar psicológico, fruto do roubo que sofreram. É o sofrimento que num primeiro momento não se localiza, mas que depois é somatizado e pode se manifestar em nós por meio de doenças mortais.

Muitas doenças físicas e psíquicas nascem da consciência infeliz, da dura necessidade de ter de assumir, não ao outro, mas a nós mesmos, que a vida foi covardemente desperdiçada, que não vivemos como poderíamos ter vivido. Que não corremos atrás dos sonhos que eram nossos, e que trocamos nossas esperanças por expectativas alheias. Uma vida inteira de autoflagelação. Um crime afetivo que se desdobra em doença na carne. A enfermidade que nasce do reconhecimento de que não fomos fiéis a nós mesmos, de que não nos empenhamos o suficiente para encontrar as chaves do cárcere que nos priva do amor que nos capacitaria a amar os outros. Sim, essa verdade nunca cairá em descrédito. Só podemos dar aquilo que temos. Se nos falta amor-próprio, é certo que não teremos amor a oferecer.

Um esclarecimento necessário

Tenha paciência. Não abandone o livro. Eu sei que essas questões introdutórias podem ser cansativas, mas elas são necessárias. Pode ser que em algum momento você tenha dificuldade de entender alguma coisa. Não se preocupe. Sempre que necessário faremos uma breve explicitação conceitual que nos ajude a adentrar melhor as abordagens, e não deixaremos de lado os exemplos práticos, momento em que a teoria ganha vida e facilita nosso entendimento.

Para que a leitura seja tranquila, algumas *placas* serão nossos guias. São conceitos da Filosofia e da Teologia cristã que serão bem explicitados. Se, em algum momento da leitura, o texto lhe parecer difícil, vença o desafio. Chá de boldo também é duro de ser bebido, mas faz bem ao fígado. Não permita que a indisposição o afaste. Vá adiante. Todo livro precisa nos desafiar, incomodar. É assim que crescemos. Caso necessite, busque o dicionário. Uma palavra nova é sempre bem-vinda. Mas passe a usá-la no dia a dia. Assim reforçará o aprendizado e ainda poderá enriquecer o nosso vocabulário e de com quem convivemos.

Veja bem, este livro é escrito por um padre. Compreendo que estou dispensado de salientar que a reflexão se ampara nos princípios evangélicos. O porto do qual partimos é a experiência concreta que fiz de Jesus e sua palavra. Essa verdade me acompanha. O evangelho é um instrumental poderoso, capaz de promover a vida e a liberdade necessárias para bem vivê-las. A liberdade está no centro do evangelho. Liberdade que se alcança por meio do conhecimento da verdade. "Conhecereis a verdade, e ela vos libertará" (Jó, 8,32).

Nos relatos dos evangelhos, Jesus é apresentado como o libertador. Ele é o enviado que tem como missão específica salvar o ser humano de todas as amarras que o privam de sua realização. A libertação se dá no âmbito da consciência. É nela que se estabelecem as diretrizes que guiam a pessoa à sua nova condição de liberdade. Jesus é o Deus encarnado, o Verbo que assume a carne humana para resgatá-la de suas escravidões.

Por isso a sua palavra é sempre simbólica. Por quê? Porque sua fala faz com que a pessoa ultrapasse o limite da palavra dita. A palavra de Jesus alcança o mais profundo do coração e o ajuda a reunir as pontas que antes estavam soltas, provocando sofrimento. Sim, muitos sofrimentos têm sua origem no desconhecimento. Saber falar sobre o que nos oprime já é dar um passo na direção da cura. O que não sabemos dizer nos oprime, cerceia a liberdade. A linguagem humana é repleta de símbolos que facilitam a decodificação de tudo o que nos diz respeito.

Vamos compreender melhor isso. O que é o símbolo? É toda e qualquer realidade que constrói uma ponte por onde possamos alcançar o outro lado. O símbolo cumpre o ofício de nos conduzir ao significado de tudo o que ainda nos é estranho. A palavra é simbólica. Ela abre portas para que a gente adentre o conhecimento das coisas. Um dia alguém lhe ensinou o significado da palavra "porta". Num primeiro momento, você descobriu que as portas são estruturas concretas que nos servem de proteção. Com o tempo você foi ampliando o significado, usando-o para além de sua concretude. A palavra "porta" tornou-se o símbolo que lhe facilitou compreender e fazer compreender algumas realidades que o conceito não pode alcançar.

O discurso poético é carregado de simbolismos. Eles ultrapassam a inteligência objetiva do mundo e o consolam com o descanso que só a poesia pode nos conceder. Uma vela, por exemplo, é um símbolo que nos faz adentrar mundos particulares e universais. Olhamos para ela e somos transportados a um horizonte místico que nos sugere uma luminosidade que ultrapassa a chama que podemos acender e apagar.

Diferente do símbolo que une é o diabólico. Este só quebra. Em vez de unir as pontas, ele as distancia ainda mais. Não favorece o conhecimento, mas o dificulta. Nem precisamos explicar muito esse fato. Conhecemos de perto o poder nefasto das realidades e pessoas diabólicas. A todo instante identificamos os ferimentos originados por ele.

É dessas forças diabólicas que Jesus nos salva. A nossa adesão a Ele nos resgata de todas as escravidões que porventura venhamos a sofrer. Mas de que maneira podemos perceber isso em nossa vida? Como identificar na concretude de nossos dias essa ação libertadora nos alcançando?

Veja bem, a ação de Deus toca a totalidade do que somos. O seu amor ultrapassa todas as dimensões de nossa existência. Quando dizemos que sua proposta é que vivamos libertos de tudo o que nos escraviza, de alguma forma estamos nos propondo a quebrar o poder de tudo o que nos demoniza. Sendo assim, a vida cristã consiste em ser um referencial de análise para todos os relacionamentos que estabelecemos.

Se Deus nos quer livres, se sua ação amorosa nos induz a mergulhar nessa vocação à liberdade, devemos viver de maneira que tal liberdade seja possível. Então nos descobrimos na constante necessidade de resguardar o dom recebido, zelando para que nossa subjetividade não seja invadida pelas forças diabólicas que nos chegam por meio de mentalidades e pessoas.

Somos guardiões dessa liberdade. O cuidado para que nossos relacionamentos não se desdobrem em sequestros é antes de qualquer coisa uma atitude religiosa. É o empenho para que vivamos em intermitentes movimentos de religação, quebras de relações negativas, padrões sociais opressores, desarticulação das engrenagens que geram a desagregação. O verdadeiro cristão orbita em constante estado de construção de uma vida simbólica. Mesmo os que não professam uma fé sobrenatural podem e devem viver sob a mesma proposta. A condição humana é sagrada por natureza. A dignidade, caráter que não pode ser negado, é construída e mantida pelos ciclos que nos libertam, que constroem autonomia, disposição de si.

A dinâmica existencial humana se constrói a partir dos símbolos. As realidades simbólicas nos estimulam a unir as pontas de nossas vivências, interpretando-as, decodificando as tramas que nos envolvem.

Quando passamos a viver dentro de um relacionamento que não nos permite desfrutar de situações simbólicas, isto é, laços afetivos que geram comunhão, partilha, cumplicidade, perdemos aos poucos a capacidade de arregimentar os elementos que asseguram a nossa identidade. Por isso os sequestros da subjetividade são naturalmente diabólicos, pois, ao dificultarem a construção do simbólico, eles quebram a nossa inteireza, inibem a ação libertadora de Deus. Baseados nessa premissa, analisaremos as relações humanas a partir de duas classificações. As relações simbólicas, nascidas a partir de pessoas e de realidades que nos ajudam a viver o propósito libertário a que Deus nos chamou – aquelas que nos permitem crescer e superar nossos limites porque são capazes de estabelecer pontes que nos permitem travessias –, e as relações diabólicas, aquelas que nos paralisam e nos fazem retroceder porque obstaculizam os caminhos – aquelas que nos apartam do desejo divino de que sejamos livres.

Para terminar esta etapa introdutória, faço agora uma menção ao subtítulo deste livro: *O desafio de ser pessoa*. Mas, prolixo que sou, mais uma vez sinto a necessidade de divagar antes de chegar ao conceito de *pessoa*.

A vida humana é uma constante experiência de travessia. Estamos em êxodos contínuos, em processos de deslocamentos intermináveis, porque, enquanto estivermos vivos, seremos convidados para o movimento que nos proporciona a superação de estágios, condições e atitudes. O tempo se encarrega de nos deslocar entre essas fases. Faz parte do estatuto humano sofrer essa constante transição. Nunca ficaremos prontos. É da natureza humana ser uma constante fonte de possibilidades. A morte nos surpreenderá e ainda não estaremos terminados.

São muitas as travessias que precisamos realizar ao longo da vida. Da infância à adolescência, à juventude, à vida adulta, à velhice e à eternidade, esperamos. Mas há uma travessia que perpassa todas essas fases cronológicas. É a *da condição de indivíduos à condição de pessoas*.

Nascemos indivíduos, incapazes de qualquer partilha do ser que somos. Solidariedade e empatia são movimentos interiores que requerem racionalidade. Embora nasçamos com a possibilidade da razão, na primeira fase da vida nós ainda não dispomos da capacidade de decidir, escolher. Uma criança é movida por suas necessidades. Por não estar pronta para a voluntariedade, ela não pode se doar a alguém. Tudo nela é indivíduo, impartilhável. A condição de pessoa é uma meta a ser vivida, um objetivo a ser alcançado. Como já está expresso no subtítulo, um desafio.

Reforço meu posicionamento teórico. O fundamento de nossa reflexão é a Antropologia cristã. Portanto, trataremos o conceito de pessoa a partir dos dois pilares que essa Antropologia estabeleceu para compreendê-lo. Ser pessoa consiste em *dispor-se de si e dispor-se aos outros*. Trata-se de um projeto audacioso de pertencer-se para doar-se. Portanto, o ponto nevrálgico deste livro entrelaça essas duas questões. O sequestro da subjetividade como um acontecimento que atenta diretamente contra os pilares fundantes do conceito de pessoa, *a disposição de si* e a *disposição aos outros*. A partir de histórias concretas, veremos que esse atentado gera um ciclo vicioso que nos impossibilita viver com nobreza a nossa condição humana.

Toda vez que um relacionamento fragiliza a capacidade de o indivíduo dispor de suas possibilidades, ele o acorrenta num egoísmo condenatório que o priva de conhecer a beleza de um amor gratuito. Sendo assim, esse ser humano se limitará a ser caricatura de si mesmo, terá de abrir mão da possibilidade de ter um rosto pessoal para ostentar a farsa que o cativeiro lhe colou na face.

Uma história para começar

Ela veio de longe. Filha de uma família libanesa, chegou ao Brasil acompanhada de um parente distante. Os pais já estavam mortos. Veio encontrar um tio que morava por aqui. A idade era pouca. A solidão era muita. Chegou, e já tinham arranjado um casamento para ela. Não foi capaz de se opor. Estava frágil demais para travar um embate. Casou-se na primeira semana que pisou em nossas terras.

Trinta e dois anos se passaram. Oito filhos: sete homens e uma mulher. Cinco netos e uma história de sofrimento que parece ter saído de algum clássico da literatura russa. Nunca houve amor entre ela e o marido. Nos primeiros dias de convivência, ele deixou claro, por meio de sua conduta, que a vida ao seu lado não seria fácil. Ela não soube discordar. As primeiras agressões foram mantidas em segredo. Mais tarde, elas se tornaram públicas. Pouco a pouco, o respeito fez as malas e partiu. A mulher não sabia sorrir. Em nenhum momento de nossa conversa consegui identificar nela algum lastro de alegria ou esperança. Os filhos já criados herdaram do pai a mesma personalidade. A única filha mulher rebelou-se contra a estrutura familiar e foi embora para nunca mais voltar.

A mulher não sabia o que me pedir. Estava profundamente abatida com a morte trágica de seu marido. Estava confusa. Sentia no peito um alívio, mas ao mesmo tempo experimentava o peso de não saber por onde recomeçar. Confessou ter medo de tudo. Medo da vida, medo da morte, medo dos filhos, medo do marido morto. Suas noites de sono eram poucas. Vivia constantemente ansiosa, como se o agressor de sua alma fosse voltar a qualquer momento. Ouvia os seus gritos e tinha sempre a sensação de que ele estava andando pela casa.

Aquela mulher tinha, diante de si, uma longa viagem a ser feita. Viagem de retorno. Viagem no tempo do espírito. Ela precisava retornar ao momento em que permitiu que o homem recém-chegado tomasse posse de sua vida. Precisava voltar para si. Precisava redescobrir as estradas que a reconduziriam à sua subjetividade, e nela reaprender a viver.

Ela foi vítima de uma violência afetiva. Foi vítima de um roubo cruel. Não, não foi um roubo material. Não estamos falando de um crime que pode ser periciado, ou da perda de um objeto que pode ser buscado. O roubo em questão se refere a algo muito mais profundo.

A vida foi furtada. Submetida a um tratamento desrespeitoso e cruel, a mulher amargava naquele momento a contabilidade que lhe atestava o pior prejuízo que podemos sofrer: o de perder a própria existência.

O criminoso se aproveitou de sua fragilidade. Descobriu nela uma vítima fácil. Consciente ou não, agiu de forma violenta. No princípio, uma violência velada; depois, a violência declarada, gritada para quem quisesse ouvir. É certo que ele não a considerava um ser humano. Para ele, ela não passava de um objeto que deveria estar sempre à sua disposição. Sem muitas possibilidades na vida, a mulher submeteu-se ao tratamento cruel. Com o tempo, assumiu a condição de vítima, e o pior aconteceu: desaprendeu a ser livre.

Mas nem sempre a prisão termina quando recebemos as chaves que nos alforriam. Mesmo após a morte de seu algoz, com as portas do cativeiro abertas, e distante das ameaças que a encarceravam, ela não sabia mais dar o passo em direção à liberdade que lhe cabia. Estava presa às *memórias do cárcere*. A violência foi tão profunda que, mesmo com a morte do sequestrador, ela ainda permanecia sua vítima acorrentada.

Quando nos relacionamos, o outro se hospeda em nós. A regra pode ser positiva ou não. Tudo depende da forma como o outro acessou nossa alma. Aquela mulher albergava em si a memória de um homem cruel. O dano produzido pelos longos anos de submissão retirou dela a possibilidade de abrir as janelas da alma para que uma nova luz banhasse o calabouço de suas lembranças.

A mulher não sabia definir assim, mas a sua história é um clássico caso de sequestro da subjetividade, essa espécie de roubo da alma, esse absurdo que costuma acontecer ao nosso lado, ou dentro de nós.

O sequestro do corpo e a privação do horizonte de sentido

Considerando que o nosso livro pretende falar sobre o sequestro da subjetividade, um conceito novo para muitos leitores, façamos um pequeno recuo, falando primeiramente sobre a modalidade de sequestro que já estamos devidamente conscientes do que se trata. O sequestro do corpo é uma pestífera modalidade contemporânea de violência. Ritual de profundo desrespeito à condição humana, o sequestro consiste em retirar uma pessoa do local de sua identificação, de seus significados, subordinando-a a um tratamento que tem por finalidade fragilizá-la, facilitando assim um estado de total dependência e rendição ao sequestrador. O sequestro do corpo é uma privação daquilo que chamamos de horizonte de sentido. O que vem a ser isso? É simples. Todo ser humano, ainda que esteja integrado ao grande mundo, sempre possui um contexto particular feito de significados e significantes. O horizonte de sentido é o território onde não nos sentimos estrangeiros. É o estreito do universo onde descobrimos o sentido mais profundo do que somos. Sentido é tudo aquilo que favorece coerência, liga, orienta e estrutura. É a partir desse horizonte de sentido que pensamos, agimos, amamos, desejamos, vivemos. Somos e estamos estruturados a partir de realidades que significam, isto é, realidades que nos revelam e que nos motivam a desbravar outros horizontes.

Esses significados desempenham os mais diversos papéis em nossa aventura humana. São eles que nos sustentam e que definem nosso caráter. Sim, os valores nascem dos significados. Por isso se tornam fundamentais para a qualidade de nossa atuação no mundo. Podemos dizer, sem medo de errar, que são os significados que aprendemos a amar que qualificam nossa existência.

A nossa integridade como pessoa depende da junção harmoniosa dos significados que constituem o nosso horizonte de sentido. É como construir um mosaico. Creio que a metáfora seja interessante e pode facilitar nossa compreensão. Um mosaico é feito de partes; essas partes se conjugam e compõem uma única peça. São inúmeros e pequenos detalhes que constroem a trama do mosaico. A pequena peça é fundamental para a construção do todo, e por isso não pode ser negada, separada.

A regra se aplica também a nós. Se pensarmos no espaço humano em que vivemos como peças de um mosaico, nós entraremos no cerne dos significados que nos constituem; nós estaremos no coração de nosso horizonte de sentido.

Quando nos referimos aos significados, estamos tratando de realidades materiais e imateriais. Estamos falando do quarto onde dormimos com nossos travesseiros e lençóis, mas também das pessoas que nos rodeiam e dos sentimentos que nos despertam. O quarto nos identifica; os sentimentos que ele desperta, também. O horizonte de sentido é uma conjugação desses valores. A cidade onde moramos, a história já vivida, a casa que nos abriga, os lugares que frequentamos, os amigos que amamos, as crenças que professamos, as relações cotidianas, os ritos que realizamos, enfim, tudo isso compõe o nosso mundo particular, o nosso horizonte de sentido.

Quando uma pessoa é sequestrada, o primeiro rompimento é com a materialidade de seus significados. O cativeiro é o oposto de tudo aquilo que lhe atribui sentido. O sequestro a impedirá de estar no mundo que lhe pertence. Não dormirá em sua casa, estará privada dos sabores de sua predileção, de seus ambientes, de coisas particulares, de seu travesseiro, de seus livros, de seus perfumes, de suas paredes. Será violentamente exposta a uma outra realidade que não a sua. O corpo sofrerá a violência de não poder ir e vir.

Terá de obedecer às ordens do recém-chegado, daquele que até então não pertencia ao seu mundo. Uma pessoa estranha, que definitivamente não faz parte de seus significados, mas que agora lhe acorrenta o corpo e a faz experimentar uma privação para a qual não estava preparada.

Trata-se de um sofrimento extremamente doloroso. Ao ser afastado dos locais de sua identificação, e passando a viver num ambiente estranho, inóspito e distante de tudo que o realiza, o sequestrado mergulha num profundo estado de solidão. Não se trata de uma solidão comum, dessas que experimentamos ocasionalmente e que faz parte do cotidiano de todos nós. Trata-se de uma solidão muito mais profunda, caracterizada como *ausência de si mesmo*.

Ao ser afastado de seu mundo particular e de tudo o que ele representa, o sequestrado sente-se privado de ser ele mesmo. O mundo que agora lhe é oferecido não lhe pertence. O cativeiro lhe nega o direito de ser e estar em seu horizonte de sentido. Esse profundo estado de ausência pode se agravar com o tempo e evoluir para o que chamamos de *esquecimento do ser*.

A identidade: limites e possibilidades

Já estamos bastante familiarizados com a palavra *identidade*. Temos até uma carteira que leva esse nome. Por meio dela, podemos documentar quem somos. Ela nos diz sobre nós mesmos. Diz a nós e aos outros.

Há dois aspectos interessantes na identificação que queremos salientar: uma afirmação e uma negação. Identificar-se é um jeito que a pessoa tem de afirmar o que é, mas é também um jeito de afirmar o que não é. Ao identificar-se, a pessoa se posiciona a partir de limites e possibilidades.

Ao dizer *eu sou isso*, naturalmente estou dizendo também *que não posso ser aquilo que negaria o que sou*. Parece jogo de palavras, mas não é. Ao identificar que sou Fábio, naturalmente estou dizendo que não sou Fernando. Quando nos identificamos, nós firmamos a diferenciação, que é um fator importante na construção da pessoa. Não sei ao certo quando iniciamos esse processo. O que podemos intuir é que a maturidade se expressa nessa capacidade de diferenciação. Quando favorecidos por uma educação que nos encoraje à verdade pessoal, assumimos quem somos, ainda que seja caro o preço que nos cobrem por essa autenticidade.

A identidade está intimamente ligada à nossa verdade pessoal. Ela ultrapassa o que os outros imaginam de nós. Ela vai além do que tentamos representar. E por isso é afirmação e negação. No que afirmamos sobre nós, há uma infinidade de negações latentes. No embate com o mundo e seus convites à hipocrisia, precisamos zelar para que não percamos a clareza desses contrários que nos identificam.

Ninguém alcança essa verdade pessoal impunemente. Há sempre um preço a ser pago. É o labor do empenho. Carece trabalho diário, zelo constante para que as expectativas dos outros não sufoquem nossa verdade. Não é problema que o outro nos motive, que nos ajude a encontrar uma forma harmoniosa de chegar ao que realmente somos. Mas não podemos perder de vista os sinais que já nos foram dados, quando ao longo da vida pudemos tocar, ainda que superficialmente, a sensação de ser a pessoa certa no lugar certo.

O ser humano é um apanhado de possibilidades e limites. A conjugação harmoniosa desses dois contextos é que nos encaminha à realização humana, à satisfação de ser quem somos. Eles estão sempre interligados. O reconhecimento dos limites favorece o desenvolvimento das possibilidades. Sim, ao identificar quem somos, assumimos a legitimidade de nossa natureza. Afirmamos o que podemos e o que não podemos. E com isso, os limites assumem um caráter positivo, pois nos dispensam dos enganos que nos privam de chegar ao conhecimento de nossas reais possibilidades. Se concluímos que a estrada não nos leva ao lugar que desejamos, temos um limite estabelecido. A estrada não nos pertence. Mas é a partir dessa descoberta que reencontramos o direito de buscar a que realmente nos fará chegar. Nossa identidade nos limita, não para nos empobrecer, mas, ao contrário, para nos favorecer o crescimento. Quem sabe bem o que é e o que não é terá mais facilidade de explorar suas possibilidades, uma vez que os limites já estão apreendidos também. Apreender e conhecer os limites que se tem é uma forma de potencializar as qualidades que nos são próprias.

Mas não é sempre que identificamos essa dimensão positiva do limite. Requer maturidade para interpretar os nãos da vida, os nãos que precisamos dizer a nós mesmos, ou os nãos que a estrada nos fez reconhecer. Quando imersos num processo de esquecimento do que somos, nos acostumamos aos restos de mundo que sobraram de nossos enganos.

Gosto muito da parábola do filho pródigo. Sempre que me deparo com o relato da história daquele moço que pediu a herança ao pai para iniciar uma vida distante da família, ocorre-me o sofrimento experimentado pelo velho homem. Pedir-lhe a herança, mesmo estando ainda vivo, era o mesmo que decretar a sua morte. Isso acentua ainda mais o amor com que depois o filho foi recebido em casa.

Mas não é sobre isso que desejo falar. Quero me ater a outro detalhe da parábola. Depois de ter gasto toda a herança vivendo uma vida sem regras, o rapaz passou por um terrível tempo de privações. O evangelho diz que ele chegou a comer o alimento que era dado aos porcos.

Veja bem, apesar de ter gasto a herança, o rapaz continuava tendo um lar, uma família. Só que havia um detalhe. Ele estava esquecido de seus direitos. Os equívocos cometidos o fizeram esquecer sua condição de filho. A vida de erros lhe sequestrou a consciência da identidade. E esse era o verdadeiro prejuízo. A herança perdida não era nada perto do sequestro que lhe retirara a pertença filial. Só ao tomar consciência de que na casa de seu pai os porcos tinham um tratamento melhor é que ele iniciou a retomada de sua identidade. Num primeiro momento, encoraja-se a voltar para trabalhar como empregado. E assim o faz. Mas quando percebe que o pai o aguarda na estrada, reencontra-se com a herança que não há erro que seja capaz de arrancar. O abraço é de devolução. Ambos recebem. O pai volta a ser pai, e o filho volta a ser filho. As identidades foram restituídas.

A parábola é muito sugestiva. Ela pertence ao conjunto de escritos cujo tema gravita sobre a misericórdia divina. São histórias que salientam a capacidade que Deus tem de amar os que, de acordo com nosso julgamento, não merecem ser amados.

É interessante abordar a questão da identidade a partir de uma relação amorosa. A Psicologia nos ensina que o amor é que nos encaminha para a primeira experiência de fé que temos na vida. Não se trata de uma fé sobrenatural, mas natural, fruto do cuidado que o outro nos dispensa. Aprendemos a dar os primeiros passos porque os braços que se estendem a nos encorajar são braços amorosos, que nos inspiram confiança. Desde crianças experimentamos essa verdade. Amor, confiança e cuidado são caminhos que se encontram. E são esses caminhos que nos levam ao fortalecimento de nossa identidade.

Quando esse amor, confiança e cuidado nos são negados, ficamos à mercê de nossas inseguranças. Sim, só o vínculo amoroso pode nos proporcionar a coragem de ser quem somos. Se ele nos falta, ficamos privados de chegar ao conhecimento de nós mesmos.

Na infância, por ainda não dispormos da capacidade de autoproteção, ficamos inteiramente dependentes das pessoas que são responsáveis pela nossa sobrevivência. O que delas recebemos é absolutamente determinante para elaboração de nossa identidade. Por isso é tão importante que nunca falte à criança um ambiente amável, favorável às relações de confiança e cuidado.

Se ficamos distantes dos vínculos que nos recordam quem somos, a manifestação da identidade pode ser prejudicada, assim como uma construção pode sofrer com a falta de manutenção. O amor amado, o horizonte de sentido são os grandes responsáveis pelo florescimento e pela manutenção de nossa coragem de ser quem somos.

Quando digo o que sou,
de alguma forma eu o faço para
também dizer o que não sou.
O não ser está no avesso do ser,
assim como o tecido tem
um avesso que o nega,
não sendo outro,
mas complementando-o.
O que não sou também
é uma forma de ser.
Eu sou eu e meus avessos.

O esquecimento do ser

Voltamos ao sequestro. Ao confinar uma pessoa, o sequestrador atenta contra a sua identidade. Ao negar-lhe a liberdade do corpo, uma série de outras liberdades será comprometida. A liberdade emocional é uma delas. O mal-estar que decorre dessa privação compromete a articulação que precisamos fazer de nossas possibilidades e limites.

No cativeiro, o limite deixa de ensinar, pois estando apartada de seu horizonte de sentido, dos que ama, estando privada de frequentar o retalho de mundo que a coloca ao lado dos que participam da construção de suas vivências, a pessoa é condenada ao vazio.

O cativeiro a priva dos direitos e deveres que decorrem de seu papel existencial. Quem é pai deixa de exercer o papel de pai, quem é filho deixa de exercer o papel de filho e assim por diante. Veja bem, deixar de exercer o papel não acarreta deixar de ser. Um pai será sempre pai, mesmo distante do filho que ama. Da mesma forma que a mãe será sempre mãe, ainda que exilada e sem o direito de desempenhar o papel de mãe. Mas o sofrimento provocado pelo distanciamento pode desencadear o *esquecimento do ser*. Recorde-se. Antes de abordar a questão da identidade, falávamos que o cativeiro pode levar a pessoa a *ausentar-se de si mesma*. O que vem a ser isso?

É o pior vazio que podemos experimentar. Trata-se de um estado paralisante em que a pessoa não se encoraja, pois é como se o motor da existência estivesse ausente do corpo.

Estando ausente de si mesma, a pessoa se desprende de sua identidade, adentra o território do esquecimento do ser. Estando fora de seu horizonte de sentido, negada no direito de conviver com os elementos de sua identificação, ela vai se tornando indiferente à vida. Exilada dos outros e de si mesma, a saúde emocional vai se fragilizando, o corpo vai se rendendo ao domínio do algoz, e a pessoa vai rompendo lentamente com os motivos que antes a faziam prosseguir.

É o ponto alto das consequências nefastas do sequestro. Já estando ausente de si mesma e esquecida de ser quem é, a pessoa sequestrada se rende à condição de vítima.

A condição de vítima

Os sofrimentos do cativeiro desencadeiam a vitimização do sequestrado. É o momento da rendição. Parece contraditório na teoria, mas não o é na prática. Ao mergulhar a pessoa num contexto de sofrimento, ameaças e privações, ao lhe violentar a identidade, subjugando-a a um esquecimento de si, o sequestrador estabelece com o sequestrado uma relação de confiança. Fomentada pelo medo, é claro, mas de confiança. Um fato perturbador pode ser identificado. É como se a consciência encontrasse uma rota de fuga para sobreviver ao tormento da violência sofrida. A vítima encontra um amparo em seu algoz. A manutenção da vida depende do estranho recém-chegado. O que antes era um direito da pessoa, direito inalienável, agora está inteiramente ameaçado, nas mãos de um desconhecido. A consciência da dependência e a certeza de que a vida agora já não lhe pertence, porque está em outras mãos, colocam o sequestrado numa condição de inteira e total fragilidade. Essa fragilidade se converte em atitude, postura. Desencadeia o que chamamos de *condição de vítima*, uma vez que a rendição é o único jeito de garantir a sobrevivência. É o último estágio do processo, quando o sequestrado já não tem outra coisa na vida senão o seu algoz.

A vitimização é intencional. Os sequestradores sabem muito bem que o tratamento cruel lhe dará acesso ao coração da pessoa confinada. Tudo é muito pensado. Uma vítima é alguém cujas fraquezas podemos explorar. É a partir dessa premissa que eles trabalham.

O sequestrador faz questão de abalar as estruturas emocionais da pessoa sequestrada. Ameaça matar os que ela ama, ameaça atentar contra os seus valores, subjuga e faz questão de demonstrar quem é a autoridade, o centro de todas as decisões. Os maus-tratos, a vida na precariedade, o local inóspito, a comida qualquer, o desprezo, tudo estará a serviço desse objetivo único: vitimar, desconstruir a identidade, provocar o esquecimento de si.

Quanto maior a sensação de vítima no sequestrado, maior será o controle do sequestrador. Quanto pior for o tratamento no cativeiro, maior será o medo e, consequentemente, a submissão, a rendição da vítima.

Sentir medo é um jeito estranho de atribuir autoridade a alguém. Temer uma realidade ou uma pessoa é o mesmo que lhe entregar o direito de nos assombrar constantemente. Sempre que estamos paralisados pelo medo, de alguma forma, estamos transferindo o nosso comando, privados de nós mesmos.

O senso comum nos ensina que o cão tem o poder de perceber o nosso medo, e isso o encoraja a nos intimidar. Olhá-lo nos olhos é um recurso que pode inibir o ataque. Isso é interessante. Toda relação de domínio é sempre estabelecida a partir do medo. Sentir medo é o mesmo que legitimar no outro o comando da situação. Se eu temo o escuro, de alguma forma estou lhe atribuindo mais poderes que a mim. O medo nos faz vítimas, desencadeia o esquecimento do que podemos.

O que pode nos fazer uma sala escura? Por que temos medo de ficar sozinhos dentro de um quarto? São perguntas simples para as quais geralmente não temos respostas. A razão não é capaz de lançar luzes sobre essas situações justamente porque ela está paralisada pelo medo. O medo nos priva da inteligência, ainda que temporariamente.

Temer uma realidade e obedecer ao absurdo de seus comandos são desdobramentos estranhos da perda de identidade. No caso do sequestro do corpo, o medo nasce da convicção de que o outro decidirá o destino da vida. Viver ou morrer será uma decisão do sequestrador. É o absurdo de reconhecer que o bem mais precioso que se tem está nas mãos de quem acabou de chegar; de quem nunca fez parte dos seus significados. Talvez seja por isso que, em muitos casos de sequestro, a vítima faça questão de estabelecer uma relação amistosa com o sequestrador. Talvez seja um reconhecimento, ainda que inconsciente, da necessidade de ser amada pelo inimigo, de despertar-lhe alguma predileção que lhe favoreça a preservação da vida, ou até mesmo de evitar violações físicas tão frequentes em casos de sequestros.

O medo do inimigo pode conduzir a pessoa a essa relação pseudoamistosa. Sim, o medo pode gerar gentilezas que encobrem agressividade e dissimulação, favorecendo a manutenção de uma guerra fria entre os envolvidos.

Assim que estabelecida, a condição de vítima traz uma tranquilidade para a relação entre sequestrado e sequestrador. Não havendo mais resistência da parte de quem está subjugado à violência, o sequestro pode arrastar-se no tempo sem maiores dificuldades. Enquanto houver alguma resistência ao reconhecimento do domínio, o sequestrado ainda representará perigo para o sequestrador, forçando-o a ter atitudes ainda mais violentas. A condição de vítima cessa a violência dos alardes, para dar lugar a uma violência mais sutil, silenciosa.

O preço do resgate e seu valor simbólico

O fim do sequestro do corpo está sempre ligado ao pagamento, ou não, do valor do resgate. O valor estabelecido pelos sequestradores é comunicado aos que se interessam pela pessoa sequestrada. As negociações têm como único objetivo a tentativa de trazer de volta o que fora levado, preservando-lhe a vida e a integridade.

A pessoa sequestrada, que até então foi vítima dos sequestradores, agora também está entregue nas mãos daqueles que compõem o seu horizonte de sentido. De modo diferente, continua sendo uma vítima. Eles decidirão o que fazer; decidirão como pagar, como negociar. É o momento em que a pessoa é exposta ao peso e à medida do seu valor.

Não são raros os casos em que a vítima experimenta nessa hora uma grande insegurança. A fragilidade do cativeiro a faz duvidar até mesmo da predileção de quem está lá fora negociando sua vida. A insegurança não é sem motivo. Os dias de privação, a constante exposição à violência emocional, fizeram-na desacreditar do valor que tem. O cativeiro prejudicou sua autoestima. Estando sob os efeitos nefastos desse prejuízo, ocorre-lhe a dúvida: será que existe alguém interessado em me retirar daqui? Será que valho o quanto está sendo pedido?

Essas perguntas estão intimamente ligadas à condição de vítima. Elas são resultado do sofrimento experimentado, da insegurança derivada da violência psíquica a que foi submetida. Antes, vítima de quem nem sequer sabia o nome, de quem pouco viu o rosto; agora, vítima daqueles que a viram nascer e crescer, dos que foram recrutados ao longo da vida. Condições distintas, mas costuradas pelo mesmo fio da insegurança.

O cativeiro minou a consciência de seu valor humano, desencadeou o esquecimento do ser, isto é, colocou sob sombra a essência de sua verdade. Quem está esquecido de *quem é* pode incorrer no equívoco de colocar familiares e criminosos no mesmo patamar. É o medo ditando suas ordens. Medo absoluto, indistinto, tomando todos os espaços da existência. É o medo assumindo sua dolorosa face do desespero. Medo que cega, que faz esquecer o que temos de mais sagrado. Medo que nos acorrenta aos pés dos nossos sequestradores, e que nos encoraja a pedir que eles tenham piedade de nós, como se fossem deuses, capazes de nos livrar das consequências de nossa fragilidade.

Medo que nos faz esquecer os vínculos que construímos, o amor que nos ama; medo que dilui nossa identificação e que não nos permite mais a diferenciação do mundo. Olhamos a tudo e a todos do mesmo modo. Olhos com lentes do medo são olhos pessimistas, e muito pouco podem na vida.

O medo nos faz pedir o que não queremos. No caso do sequestro do corpo, o sequestrado, por causa do medo que sente, torna-se capaz de pedir, mesmo sem uma formulação expressa nas palavras, que o sequestrador o proteja com seu domínio. A condição de vítima o faz viver o absurdo de uma dependência cega. O intruso, o recém-chegado, assume a centralidade dos seus afetos. A relação, fortemente marcada pela dependência, fortalece ainda mais a entrega e a rendição. O dominador reconhece nos olhos do dominado o pedido.

A postura da vítima fortalece a figura do sequestrador. Ela o autoriza a negociar a sua vida, a ser dela um proprietário. É a cessão tutelar. É nesse momento que se confundem ainda mais os papéis e se acentua a insegurança. Estranhos negociando com familiares e amigos, mas todos mergulhados no contexto da incerteza. O mais próximo é o sequestrador. Ele passou a representar uma espécie de *segurança*, e por isso a vítima a ele se apega.

Esse é o quadro. O sequestro do corpo é uma violência terrível, porque, ao retirar a pessoa do seu horizonte de sentido, a expõe ao absurdo do esquecimento, ainda que temporário, fruto da violência psíquica sofrida, de sua verdade pessoal. Com a perda da inteireza humana, com a desagregação afetiva, o sequestrado deixa de ter condições de lutar por ele mesmo. Apartado de si próprio, aliena em mãos de estranhos o poder de decidir o desfecho de sua existência.

O corpo é levado de uma vez. O cativeiro cerceia o corpo; priva-o de tudo o que o faz feliz, de todas as sensações que lhe são agradáveis. O corpo é o primeiro a ser acorrentado e rendido, para que depois, aos poucos, seja também rendida e acorrentada a sua alma.[1]

Resgatar o corpo dessa condição de aprisionamento consiste em devolvê-lo a si mesmo. O corpo, antes acorrentado e negado, volta a se pertencer. Volta a frequentar o seu mundo, a alimentar-se de seu horizonte de sentido. O pagamento do resgate é concreto. Ele viabiliza o fim do cárcere. Mas ele também resguarda um precioso valor simbólico. Ele concretiza a certeza do amor. Ao ser resgatada, a vítima se reconhece querida, desejada. Cessa a insegurança que antes vivera no cativeiro. Distante do sequestrador, ela reassume a condição de identificar a fragilidade que a fez colocar bandido e familiares no mesmo patamar de importância. O retorno lhe devolve a capacidade de reassumir a identidade perdida. É a hora de organizar o medo, os traumas e as recordações que certamente por muito tempo a atormentarão.

---

[1] Gostaria de salientar que essa diferenciação corpo-alma é meramente didática. O discurso antropológico que nos fundamenta é o que assegura a unidade do ser humano. Ele é corpo e alma. A expressão "alma" refere-se ao conjunto de realidades humanas que são imateriais. Aqui, no contexto em que o aplicamos, ela se refere à vontade, à liberdade, ao desejo.

Depois do cativeiro, o aprendizado

A sabedoria popular nos ensina que há sempre um aprendizado a ser recolhido depois da dor. É verdade. As alegrias costumam ser preparadas no silêncio das duras esperas. Não é justo que o ser humano passe pelas experiências de calvários sem que delas nasçam experiências de ressurreições.

Por isso, depois do cativeiro, o aprendizado. Quando as negociações terminam bem, a pessoa reencontra o mundo que até então fora negado. Depois do exílio vivido, é certo que ela nunca mais será a mesma. Ao ser devolvida ao centro de seus significados, ela interpretará a vida de um novo modo. É natural que seja assim. A experiência do distanciamento nos ajuda a mensurar o valor de tudo o que nos foi temporariamente extorquido.

Antes do cativeiro, do roubo físico e seus desdobramentos emocionais, corria-se o risco de que a beleza do cotidiano fosse encoberta pela poeira da mesmice. A vida propicia a experiência do costume. O ser humano acostuma-se com o que tem, com o que ama, e muitas vezes somente a ruptura com o que tem e com o que ama abre-lhe os olhos para o real valor de tudo o que estava ao seu redor. As prisões podem nos fazer descobrir o valor da liberdade. As restrições são prenhes de ensinamentos. Basta saber partejar, fazer vir à luz o que nelas está escondido.

Na ausência podemos mensurar o que amamos e o que nos é indispensável. Passar pela experiência do cativeiro, local da negação absoluta de tudo o que para nós tem significado, pode conduzir-nos ao cerne dos valores que nos constituem.

O resgate, o pagamento que nos dá o direito de voltar ao que é nosso, condensa um significado interessante. Ele é devolução. É como se fôssemos afastados da posse de nós mesmos, e de longe alguém nos mostrasse a beleza do nosso lugar dizendo: "Já foi seu; mas não é mais. Se quiser voltar, terá de comprar de novo!" E assim acontece. Compramos novamente o que sempre foi nosso. Estranho, mas esse é o significado do resgate.

Distantes do que antes nos era tão próximo, recobramos a visão encantadora do nosso lugar. Olhamos de um jeito novo. Redescobrimos os detalhes, as belezas silenciosas que, com o tempo, desaprendemos a perceber. A visão ao longe é reveladora. Vemos mais perto, mesmo estando tão distante. Olhamos e não conseguimos entender como não éramos capazes de reconhecer a beleza que sempre esteve ali.

No momento da ameaça de perder tudo isso, o que mais desejamos é a oportunidade de escrever uma nova história. Nosso desejo é voltar, reencontrar o que havíamos esquecido, reintegrar o que antes permanecia perdido, ignorado, abandonado. O que desejamos é a possibilidade de um retorno que nos possibilite ver as mesmas coisas de antes, mas de um jeito novo, aperfeiçoado pela ausência e pela restrição.

Depois do resgate, o desejo de deitar a toalha branca sobre a mesa, colocar os talheres de ocasião sobre mesa farta. Fartura de sabores e pessoas que nos fazem ser quem somos. Refeição é devolução. Da mesma forma como o alimento devolve ao corpo os nutrientes perdidos, a presença dos que amamos nos devolve a nós mesmos. Sentar à mesa é isso. Nós nos servimos de alimentos e de presenças. Comungamos uns aos outros, assim como o corpo se incorpora da vida que o alimento lhe devolve. A mesa é o lugar onde as fomes se manifestam e são curadas. Fome de pão, fome de amor.

Depois do cativeiro, a festa de retorno, assim como na parábola bíblica que conta a história do filho que retornou depois de longo tempo de exílio. Distantes dos nossos significados não há possibilidade de felicidade. Quem já foi sequestrado sabe disso.

Retorno

Somente depois de ter andado por terras estranhas
é que pude reconhecer a beleza de minha morada.
A ausência mensura o tamanho do local perdido,
evidencia o que antes se tornou oculto, por força do costume.
Abri o portão principal como quem abria
um cofre que resguardava valores incomensuráveis.
Olhei minha mãe como se fosse a primeira vez.
Olhei como se voltasse a ser criança pequena
e estivesse a descobrir as feições maternas.
As vozes do passado estavam reinauguradas.
Deitei-me em seu colo como se quisesse
realizar a proeza de ser gerado de novo.
Enquanto suas mãos desenhavam carinhos
sobre os meus cabelos, um outro

movimento atingia minha alma,
mãos com poder de sutura existencial.
Alinhavos que os dedos amarravam,
enquanto o quente daquele colo me devolvia
ao meu corte original.
A mulher em silêncio, meu melhor lugar.
De suas mãos um segredo se desprendia, uma voz
delicada que só o amor nos proporciona ouvir.
"Dorme, meu filho, dorme,
porque enquanto você dormir
eu o farei de novo.
Dorme, meu filho, dorme."

A subjetividade e suas implicações

Subjetividade é toda estrutura que tem referência direta ao sujeito particular. Ela pertence ao que há de mais profundo e irrenunciável na criatura humana. Ela está inscrita no estatuto mais íntimo, lugar onde o eu sobrevive. Ela é o que nos torna únicos.

A definição dos termos pode nos ajudar. Subjetividade é caráter ou qualidade do subjetivo, e subjetivo é tudo aquilo que é pertencente ou relativo ao sujeito.

De acordo com as regras gramaticais, o sujeito é o ser que realiza a ação do verbo. É ele quem dá movimento às frases. Interessante. Sempre que age, o sujeito age a partir de seu mundo, de sua história pessoal, de seus valores, limites, possibilidades. Sua ação é sempre carregada de história, motivos, razões.

A subjetividade é o contexto que engloba todas essas particularidades imanentes à condição de ser sujeito, e é muito mais. Ser sujeito extrapola os limites da corporeidade que age, movimenta e cria fatos. Um sujeito é um mosaico de desejos, temores, paixões, sentimentos, angústias, sentidos, mistérios. Realidades universais, mas que acontecem de maneira muito particular em cada um de nós. A subjetividade possui um caráter sagrado, pois confere ao sujeito a possibilidade de estar no mundo de maneira única e irrenunciável.

Um objeto, por exemplo, pode ser repetido, mas um sujeito, nunca. Um objeto pode ser manuseado e ocasionalmente dispensado como peça que perdeu a utilidade, mas um sujeito, não. A sua subjetividade o diferencia no mundo e o coloca como um valor que não pode ser questionado.

Veja bem, a vida é sempre plural e singular. Viver é experimen**tar constantemente** a dinâmica dessas duas condições. Quando somos plurais, só o podemos ser se estivermos na posse de nossa singularidade, caso contrário, a pluralidade nos esmaga.

Voltemos ao exemplo do mosaico. Nele há uma multiplicidade de peças. Cada uma tem uma identidade própria. A pluralidade do mosaico é o resultado da soma das singularidades que o compõem. Só assim ele pôde ser formado. Mas, para dar forma ao mosaico, as peças não precisaram abrir mão do que eram. Não foram negadas, mas passaram a compor um todo que jamais conseguiriam sozinhas.

A subjetividade refere-se a essa capacidade que o ser humano tem de ser singular. Antes de ser comunidade, o ser humano é pessoal, particular, reservado, privado, porque segue a mesma regra do mosaico. Junta-se aos outros para compor o todo, mas não deixa de ser o que é.

É por isso que o contexto da subjetividade é bastante complexo. Ele é a casa de todos os limites e possibilidades humanas. Ele funciona como a escritura de um território, como ponto de partida, pois é nele que o ser se firma para ser o que é, e dele sai para ser com os outros.

Instigante. Ser o que somos requer cuidados, requer vigilância. Manter nossa inteireza, isto é, o estatuto que nos difere no mundo, é sempre um desafio árduo. Por um motivo simples. Não é possível conjugar a existência somente na solidão. A vida é um constante encontro de singularidades. Desde que nascemos somos naturalmente conduzidos à convivência com os outros. Por mais que se empenhe em preservar-se só, o ser humano nunca se priva de ser visitado pela singularidade de outra pessoa.

Nem sempre tais encontros são materiais, presenciais. Ler um livro, por exemplo, é receber o autor e seu jeito particular de compreender o mundo. A obra nos aproxima, influencia, modifica. Por meio de páginas e palavras um encontro acontece. Uma subjetividade nos chega, mesmo que o corpo não tenha vindo junto. O livro a transporta, leva-a a visitar nossa intimidade.

Quando duas pessoas casualmente se conhecem, são duas subjetividades que se tocam. Se crescem no conhecimento, existe então a possibilidade de suas singularidades se pluralizarem, se misturarem e se influenciarem. Trata-se de uma dinâmica natural na vida. É assim que construímos os vínculos afetivos, espirituais e até mesmo os vínculos funcionais, que são aqueles que nos ligam, por meio da confiança, a profissionais que participam diretamente de nossa vida.

O inegável é que a todo momento estamos influenciando e sendo influenciados. A Psicologia nos ensina que, quanto mais integrada estiver uma pessoa, isto é, quanto mais ela estiver segura de si mesma, conhecedora de sua verdade, reconciliada com seus limites e ativa no desenvolvimento de suas possibilidades, maior será sua capacidade de construir vínculos saudáveis. Quem está seguro em sua singularidade certamente participará melhor na construção da pluralidade.

Mas nem sempre experimentamos a inteireza do ser. Fragilizados pela própria história pessoal e pelas privações que nos impediram de montar harmoniosamente os mosaicos de nossa história, deparamo-nos com pessoas que sofreram o mesmo mal. Despreparados para a riqueza que todo encontro pode proporcionar, corremos o risco de que as desarmonias prevaleçam, de que nossas ausências e carências lancem as bases de um relacionamento que gerará dependência, perda da pertença e escravidão afetiva.

Diante dessa compreensão, surge-nos uma questão fundamental para que possamos dar um passo na reflexão. Nos encontros que realizamos, zelamos para que não percamos de vista o que somos? Como viver a dinâmica de um mundo que é plural, sem que nossa subjetividade corra o risco de ser sufocada, sequestrada?

O desafio é constante. O risco é iminente. É muito fácil perder a liga existencial, o cordão que nos costura a nós mesmos. É muito fácil a gente se perder na pluralidade do mundo. É muito fácil entrar nos cativeiros dos que nos idealizam, dos que nos esmagam, dos que nos desconsideram, dos que pensam que nos amam, dos que nos viciam, dos que pensam por nós.

É muito fácil ser roubado, levado e aprisionado no pensamento que nos impede de crer no valor de nosso potencial. Os cativeiros são muitos, diversificados, mas a dor é semelhante. É a dor de quem está compondo o mosaico sem saber o que é. Entrou no todo, mas não tomou posse da parte. Misturou-se ao mar, mas não conhece o rio de sua origem.

É natural que você procure médicos especialistas
sobre o funcionamento
do seu coração, dos seus olhos, do seu cérebro.
Mas ninguém poderá ser especialista em você.
Saber-se, sondar com profundidade o ser que se é
não é uma responsabilidade
que pode ser terceirizada.
Os processos formais terapêuticos,
ou a presença dos outros em sua vida,
podem até contribuir para a sua experiência
de autoconhecimento.
Mas não incorra no equívoco de que alguém
poderá compreender e desvendar a sua essência.
Esta tarefa é sua.

O sequestro da subjetividade

Na primeira parte deste livro, analisamos brevemente o significado do sequestro do corpo. Vimos que ele se refere primeiramente ao aprisionamento material de uma pessoa. É o corpo que é aprisionado, o corpo matéria, concreto, manuseável. O primeiro passo, portanto, é a condução violenta do corpo ao cativeiro, lugar também material. Depois de ser exilada de seu mundo, a pessoa passa a ser vítima de uma violência ainda mais profunda, que fragiliza sua estrutura emocional, psíquica, tornando-a vítima de seu algoz. É claro que essa diferenciação é meramente didática. Ela é usada somente para facilitar a compreensão. Não podemos indicar com precisão em que momento do sequestro a pessoa inicia o seu processo de rendição afetiva. Mesmo porque escrevemos a partir de exemplos que são comuns às experiências de pessoas que passaram pela crueldade dessa forma de violência. Há sempre um espaço reservado ao diferente, à pessoa que não viveu o processo que aqui escolhemos para pautar a análise.

Voltamos a esclarecer. A diferenciação que agora fazemos tem como objetivo apenas um favorecimento didático. Tratar do sequestro da subjetividade em comparação ao sequestro do corpo não significa que estamos fazendo uma ruptura entre a materialidade do ser humano e sua subjetividade. Não queremos compartimentar as duas realidades, tampouco legitimar no nosso discurso a perspectiva platônica de que o corpo é a prisão da alma.

Sabemos que com o aprisionamento do corpo toda a subjetividade sofre também. Esse sofrimento é imediato, porque é brutal. É o corpo que é roubado, levado de seu lugar e seus significados. Já no sequestro da subjetividade, nem sempre há o sofrimento imediato do corpo. O que há é o sofrimento psicológico que, com o tempo, se refletirá no corpo. Por ser um processo que se dá sob muitos disfarces, o sequestro da subjetividade pode, num primeiro momento, ser sinônimo de prazer, satisfação, porque o corpo não é subjugado a maus-tratos concretos, como no caso do sequestro da materialidade.

Há casos de sequestro da subjetividade que desembocam em violências físicas, mas tais violências não costumam fazer parte do processo inicial, porque o sequestrador não poderá seduzir sua vítima pela força da violência, ao contrário, inicialmente será dócil, cortês, gentil e usará de todas as artimanhas para que a sedução seja bem-sucedida.

Outro aspecto também interessante a ser lembrado, e que ainda tem relação com o sequestro do corpo, é que, em alguns casos de aprisionamento físico, a subjetividade consegue ser preservada livre. É o caso de pessoas que, mesmo encarceradas em celas de prisões, ainda continuam no exercício de sua liberdade espiritual e intelectual. Tudo depende da capacidade que o ser humano tem de manter-se na posse de si, mesmo quando tudo parece contrário.

Recordo-me de uma cena belíssima do filme *Um sonho de liberdade*, quando o personagem principal é submetido ao confinamento da solitária. Um mês depois, ao sair do terrível castigo que lhe foi imposto, alguém o interroga sobre como foi possível suportar todo aquele tempo de silêncio e solidão. Curiosamente, ele responde que se ocupou ouvindo música, e que isso ajudou o tempo a passar. Indignado, aquele que o questionara fez questão de recordá-lo de que na solitária não havia aparelho de som, e que, portanto, não existia possibilidade de ouvir música alguma. Com um sorriso no rosto, o personagem sabiamente concluiu que não precisava de aparelhos de som para ouvir músicas, pois todas elas já moravam dentro dele.

Interessante. A privação externa o levou a recrutar o que já morava em seu âmago. As músicas já estavam albergadas em sua subjetividade. Foram incorporadas, assumidas como parte integrante de sua constituição. Não seria a mesma coisa a liberdade? Mais tarde falaremos sobre isso, mas aproveitando a ocasião, recordamos uma lição que nos é dada pela Antropologia cristã. A liberdade é um dom que nos foi dado por Deus. Todos a recebem. Mas é na dinâmica da vida que a recrutamos. Trata-se de uma vigilância diária. Sempre que a vida nos confinar, é preciso recordar a melodia que nos liberta. Outro exemplo interessante, e que também está no mesmo filme, é a história do homem que cuidava dos livros no presídio. Sendo já de idade avançada, alguns dias depois de alcançar a liberdade, enforcou-se. Durante toda a sua vida ele foi prisioneiro e, ao se tornar livre, descobriu que não saberia viver longe das grades. Ele não aprendeu a ser livre, e por isso resolveu morrer depois de perder o direito de continuar na prisão. A morte foi a forma encontrada de cessar o desconforto. As chaves abriram a cela, mas não abriram a sua mente, que seguia dependente da rotina prisional. Ele estava livre das paredes que o cercearam durante toda a sua vida, mas não estava livre de si mesmo. O eu profundo permaneceu trancafiado nos calabouços em que o tempo o fez mergulhar. Subjugado ao hábito da prisão, desaprendeu de ser livre.

O exemplo nos ajuda. Há prisões que são mais que paredes e celas. Elas não são materiais, e por isso não há nada que possa concretamente ser quebrado. No confinamento do corpo, há um cativeiro localizado que precisa ser aberto. Mas, no confinamento da subjetividade, os cativeiros não possuem localização que possamos descobrir, tampouco caminhos que possamos chegar pelo desempenho de nossos pés.

O acesso a esses cativeiros só é possível por meio de outros recursos. O primeiro deles é a tomada de consciência de que ele existe. Mediante os desconfortos que derivam do confinamento, a pessoa precisa reconhecer que está privada de si mesma. É um passo difícil. A dependência nos medra, alimenta a ilusão de que longe do cativeiro a vida não terá sentido. O invasor se instaura na vontade. Com isso, a pessoa perde a capacidade de decidir por si mesma, de tomar uma decisão que a favoreça. O segundo recurso é o pedido de ajuda. É pouco provável que uma prisão afetiva seja quebrada na solidão. O amparo proveniente de pessoas que nos amam é fundamental para que tenhamos condições de enfrentar a travessia que nos retirará do exílio. E, por fim, a retomada da liberdade, o tortuoso processo de reaprender a viver longe dos grilhões.

É importante salientar que essa forma de sequestro, o da subjetividade, é muito mais comum do que imaginamos. Trata-se de um fenômeno que a todo momento acontece entre nós. É provável que já tenhamos protagonizado, ou até mesmo que estejamos protagonizando essa espécie de violência. A imaturidade afetiva é a grande responsável por tais quadros de sequestros. O despreparo humano tem sido fruto dessa estrutura social que distancia cada vez mais a pessoa de suas questões fundamentais. Sobre isso já falamos. Cresce assustadoramente a indisposição das pessoas com os processos que podem as amadurecer. Estamos avessos aos sacrifícios, à disciplina. A era tecnológica nos imergiu num pragmatismo que nos indispõe ao tempo das esperas. Deixamos de ser artesanais. E sem a dinâmica do artesanato, do conhecimento que se dá pelo movimento do tempo, do alinhavo diário que nos permite acessar o outro de maneira respeitosa, o relacionamento pode se transformar em um cativeiro.

A maturidade

Todo ser humano é chamado ao amadurecimento, isto é, traz em si a possibilidade de se desenvolver emocionalmente. Mas todo amadurecimento, embora seja normativo, tem uma dimensão eletiva. Ter a possibilidade não é garantia de que ela se manifestará. Há um processo a ser cumprido, um caminho a ser feito que nos pede busca diária. Acreditamos que a graça de Deus se antecipa em nos favorecer. Mas é na labuta do dia a dia que vamos tomando posse da maturidade que pode nos tornar homens e mulheres realizados. E o que vem a ser a maturidade? Como podemos identificar que estamos vivendo a dinâmica do processo que nos dará o direito de gozar da condição de pessoas maduras?

Amadurecer é o mesmo que integrar. Todo ser humano é um apanhado de limites e possibilidades, qualidades e defeitos. A maturidade é a confluência harmoniosa que gera a coerência de todos esses aspectos. O que antes não tinha associação passa a ter, como se uma ponte tivesse sido erguida para favorecer o trânsito entre as diferentes partes. Limites e possibilidades, qualidades e defeitos, tudo integrado e reconhecido como essência que nos constitui.

A maturidade reúne o que antes estava desagregado. Essa integração desobriga o ser humano de corresponder às expectativas que não se adequam à sua essência. Com o amadurecimento, deixamos de viver ao largo de nós mesmos; assumimos a inteireza como projeto de vida, de maneira que nenhuma dispersão será mais admitida.

A maturidade é um projeto que nunca se esgota. Amadurecer é um verbo que deve perpassar constantemente a dinâmica da existência. É o desejo de que a morte nos encontre em plena conjugação. A integração humana é fundamental para que saibamos estabelecer relações maduras, construtivas. É por meio dela que nos encaminhamos para a autorrealização.

Estando desintegrado, imaturo, o ser humano fica privado de favorecer-se. Incapacitado de descobrir a dimensão positiva de seus limites, deixa de explorar suas possibilidades. Negando os defeitos que carrega, torna-os ainda mais nocivos, pois a negação nos priva de arregimentar as conversões. Não sendo capaz de ver-se na totalidade, limita-se a viver fragmentado. Longe de sua essência, e vivendo sem a posse de si mesmo, torna-se alvo de relacionamentos possessivos e sequestrantes. No cativeiro, distancia-se de sua essência, molda-se a partir das exigências de seu algoz, torna-se caricatura de si mesmo.

Os contextos dos sequestros

Pois bem. A imaturidade nos dispõe ao sequestro da subjetividade. Estando ao largo de nós mesmos, podemos protagonizar os papéis de sequestrados e sequestradores. Sim, não é só a vítima que sofre de imaturidade. O algoz também é vítima de si mesmo. A obsessão por dominar, assumir o comando da vida da outra pessoa é uma manifestação dessa imaturidade, ou dos traços doentios de sua personalidade.

Um ambiente afetivo saudável é uma riqueza incomensurável que o ser humano pode alcançar. Qualifica e muito a dinâmica de nossas vivências a presença de pessoas emocionalmente saudáveis. Sempre será um privilégio conviver com pessoas maduras, que orbitam harmoniosamente no eixo de suas verdades. Elas nos beneficiam com o equilíbrio que a maturidade lhes rendeu. Geralmente são boas conselheiras, pois não intencionam nos moldar de acordo com seus desejos. Por zelar constantemente pela própria liberdade, a pessoa madura se empenha em promover a liberdade dos que passam por sua vida.

Mas não é sempre que temos o privilégio de encontrar e conviver com pessoas emocionalmente integradas. Como já dissemos anteriormente, a estrutura de mundo em que estamos situados não tem favorecido o amadurecimento humano. O que vemos é uma crescente desqualificação de nossa condição. A imaturidade gerando egoísmo, desamor, desrespeito pela alteridade, incapacidade de construir vínculos sólidos e duradouros.

Sentimos as consequências disso no cotidiano de nossas vidas. O convívio com pessoas imaturas é sempre conflituoso. A imaturidade impede o aprofundamento do relacionamento. Mais que isso, dificulta o verdadeiro encontro, aquele em que as pessoas são livres para serem o que são. Distantes de suas verdades, passam a desempenhar um papel que mais cedo ou mais tarde desencadeará em frustração. Se o relacionamento não é estabelecido a partir de nossas verdadeiras possibilidades e limites, nós nos limitamos a ser personagens de nós mesmos. Nesse falseamento, o amor não é possível, não acontece. O que prevalece é a sua caricatura, um sentimento que é chamado pelo mesmo nome, mas que atua no contrário de sua essência. Em vez do respeito que o amor gera, prevalece um sentimento que autoriza e promove a superficialidade, o descompromisso, a banalização do outro. Sendo assim, os roubos da subjetividade se multiplicam.

O contexto familiar

A família é o lugar onde ensaiamos os primeiros passos do amadurecimento. É natural que seja assim. É no seio familiar que somos inseridos na comunidade humana. Rodeados pelos familiares, descobrimos nossas possibilidades e limites. São os vínculos amorosos que podemos experimentar em casa que nos possibilitam a aventura do descobrimento do que somos. Nossos familiares são os primeiros "outros" que conhecemos. São eles que participam de nossas elaborações existenciais iniciais. Eles foram fundamentais para as validações que fizemos de nós mesmos.

Mas sabemos que nem sempre a nossa casa é um lugar seguro. Os vínculos que despersonalizam podem ser fomentados na intimidade que deveria estar comprometida com nossa saúde emocional. Na tentativa de fazer o melhor aos filhos, é comum que progenitores não sejam bem-sucedidos em suas intenções. Com o propósito de delinearem o melhor caminho para os que estão sob sua autoridade, incorrem no erro de projetar sobre eles suas frustrações. No intuito desastroso de corrigirem os erros que cometeram, depositam fardos sobre os ombros de suas crias, desejosos de que sejam privadas das mesmas dificuldades que enfrentaram. Olham para seus filhos e não os veem, mas a si mesmos, como se fossem extensões existenciais que poderão ser usadas para a correção de frustrações pessoais. Projetam sobre eles o que gostariam de ter feito, vivido, mas não fizeram, não viveram. São as expectativas que aprisionam.

A mãe deseja que a filha seja pianista. A menina se esmera em aprender, mas não se sente feliz tocando piano. Caso pudesse escolher, optaria pelo violão. Quando tentou manifestar o desejo de mudar, foi imediatamente tolhida pela progenitora. O exemplo é simples e pode ser desdobrado em muitos outros. É provável que você tenha visto fatos semelhantes. Filhos abrindo mão de seus sonhos porque não estavam fortalecidos para enfrentar as imposições dos pais. Requer muita liberdade interior contrariar a quem amamos. É preciso estar emocionalmente amadurecidos para que sejamos capazes de nos opor aos que ameaçam nossa subjetividade. Por quê? Porque a imaturidade nos faz pensar que deixaremos de ser amados se não fizermos o que os outros esperam de nós. Há contextos familiares que corroboram os sentimentos negativos. A rejeição se manifesta toda vez que um filho se opõe ao que propõem pais e mães. É claro que há um código de responsabilidade a ser observado. Aos progenitores cabe a responsabilidade de decidirem pelos seus dependentes enquanto ainda não houver autonomia, capacidade de decisão. Mas precisamos entender que a criação de uma criança precisa ser constantemente conduzida pela rotina da observação. É observando, deixando fluir as suas manifestações, que iremos construindo aos poucos o mosaico da personalidade do filho que temos.

Não é sem motivo que todo processo de condução do desenvolvimento de uma personalidade precisa ser amoroso. Mas sabemos que o amor é um território ardiloso. Em nome dele podemos provocar desastres. É fácil compreender. Só estamos diante do amor quando somos livres para dar e receber. E sabemos que nem sempre somos livres na experiência do amor. É comum que nossa capacidade de amar esteja condicionada pelas nossas necessidades. Requer honestidade constante. É um limiar perigoso. A caridade que fazemos pode não ser fruto de nossa capacidade de amar, mas de necessidades que são comandadas por dimensões doentias de nossa personalidade. Falamos pouco sobre isso, mas é uma realidade mais comum do que imaginamos. Nem todo gesto de caridade é livre, amoroso. Às vezes ele é uma manifestação de nossa inferioridade. Ou é o fruto de nossa tentativa de ocultar o que abominamos.

Sim, nem sempre o avesso da bondade é belo. É contraditório, mas é verdadeiro. É da condição humana contradizer-se. A honestidade nos revela que nossa caridade pode ser movida por motivos pouco nobres. Fazemos o bem porque precisamos curar nossas carências, porque buscamos reconhecimento. Fazemos caridade porque ela nos dá visibilidade, ela nos põe nas vitrines das redes sociais. Por meio dela nós despertamos o bem-querer das pessoas que nos observam. Não é nenhum problema assumir isso. A verdade nos liberta para que tenhamos condições de redimensionar o amor que amamos. Ao tomar consciência do fato, de alguma forma já estamos quebrando as algemas que condicionam nossa capacidade de amar. Da necessidade podemos passar à liberdade, ao amor gratuito, desinteressado. Libertos, escolheremos amar mesmo quando não somos vistos. Faremos o bem mesmo que ninguém esteja nos observando. E o mais importante: ficaremos profundamente realizados, pois o amor livre, desinteressado, é um dos principais responsáveis pela construção de nossa satisfação pessoal. A caridade que fazemos nos atingirá também, mas do jeito certo. Quando eu a pratico porque preciso receber a validação do outro, somente o outro recebe, restando-me o vazio que se estabelece depois que cessam os aplausos recebidos. Mas quando a realizo porque sou livre, porque escolho fazer, eu também recebo o bem que faço, ficando em mim, sem nenhuma vaidade, a certeza do dever cumprido, a paz interior que me dispensa de receber qualquer retribuição pelo bem realizado.

Nunca é tarde para reconhecer e mudar. Há um êxodo a ser feito: da necessidade ao amor livre, desinteressado. Ao identificar que dentro de nossa casa estamos sendo movidos por nossas necessidades, dimensões da personalidade que precisam ser submetidas ao escrutínio do esclarecimento, estabelecendo vínculos que despersonalizam, teremos condições de dar passos significativos no amadurecimento familiar. A família, esse agrupamento humano que nos coloca em contato com nossa verdade pessoal, deve ser o alicerce que sustentará o edifício que Deus pretende que sejamos.

O contexto religioso

O contexto religioso é altamente perigoso para a subjetividade. A autoridade religiosa, quando não exercida com responsabilidade, pode ser geradora de claustros e dependências. Com um agravante. O cativeiro é interpretado como a vontade de Deus. Quando orientadas por autoridades religiosas imaturas e despreparadas, muitas pessoas assumem a infelicidade como um projeto divino. A flagelação da essência, a renúncia equivocada do que se é, tudo justificado como forma de agradar a Deus.

Geralmente, o relacionamento que se estabelece a partir da espiritualidade é de muita confiança. É evidente que muitas pessoas foram edificadas por líderes religiosos que, no exercício de uma autoridade responsável, favoreceram o amadurecimento das pessoas que a eles se confiam. Mas não podemos negar que o contrário também é comum. Guias espirituais que, movidos por ignorância ou maldade, manipulam seus fiéis para que façam o que lhes convêm. Desconsiderando o específico de seu ofício, que é religar a pessoa ao sagrado que a habita, instrumentalizam a religião para obter seus interesses. Descompromissados com o verdadeiro significado da missão assumida, negligenciam a oportunidade de levar o povo a experimentar uma fé que, num mesmo movimento, favoreça-o conhecer a Deus e a si mesmo. E não seria a mesma coisa?

Sim, tem se multiplicado entre nós o discurso religioso que dissocia as questões humanas das questões divinas. Mas o específico da experiência religiosa é retirar os véus que nos separam de Deus. Conhecer a Deus é também conhecer a nós mesmos. Não podemos dizer que sejam dois caminhos. Um que nos faça chegar a Deus, outro que nos faça chegar a nós mesmos. Não, é uma única via que desemboca nos dois lugares. Por isso, uma prática religiosa que nos distancie de nós mesmos, ou que nos faça negar o que somos, é minimamente equivocada.

Aqui há uma questão interessante que vale a pena salientar. A Teologia cristã nos ensina que o conhecimento de Deus nos coloca em contato com o ser humano que Ele deseja que sejamos. Quanto mais mergulharmos no mistério de sua divindade, muito mais teremos condições de chegar ao conhecimento de nossa verdade. A contemplação que fazemos do Sagrado é dinâmica. Ela nos possibilita ver o que Ele quer de nós. Um querer íntimo, particular, que aprendemos a ouvir e decifrar.

Essa é nossa convicção. Rezamos, jejuamos, ritualizamos nossa fé, participamos dos sacramentos, tudo para que tenhamos condições de alcançar o ser humano que Deus imaginou para nós. Como podemos admitir que a prática religiosa nos distancie de nossa essência? Os sequestros que a religião oportuniza são desastrosos justamente porque podem impedir o desabrochar de nossa verdade. As teologias equivocadas e os discursos que delas procedem podem nos apartar de Deus, e, apartando-nos d'Ele, confinamo-nos em cativeiros terríveis, reduzindo nossa dimensão religiosa a uma prática infértil, alienada.

Dois exemplos.

É comum nos dias de hoje o crescimento do discurso que reduz a religiosidade ao horizonte histórico, dissociando-a de uma esperança que extrapole a experiência do tempo, desprovendo a fé de sua dimensão sobrenatural. É a religião sem transcendência. É a fé que nunca ultrapassa os contextos humanos, que não gera o conforto existencial que só Deus, em sua divina misericórdia, pode nos oferecer. Conforto que nasce da consciência de saber-se território santo, lugar em que Deus habita. Quando a religião não consegue promover essa consciência, o ser humano experimenta o desamparo de saber-se meramente finito, limitado, desprovido da força interior que poderia determinar, positivamente, a forma como ele se interpreta. Ao ser limitada pela religião sem transcendência, a pessoa passa a viver o ateísmo prático, a religiosidade social, o cumprimento de preceitos que nunca alteram a dinâmica da sua vida.

O contrário também é verdade. Muitos discursos e práticas religiosas se limitam à pregação de promessas futuras. As questões humanas ficam negadas. A transcendência nunca se associa às questões terrenas, e, com isso, nasce um natural desprezo pela vida, pela história individual. Uma religião meramente transcendente estabelece uma desfavorável separação entre as "coisas de Deus" e as "coisas do mundo". As interpretações dos textos sagrados não costumam envolver a vida que vivemos. Costumam limitar o comportamento humano a uma oportunidade de construir merecimento para a vida após a morte. O agora pouco importa. Todo sofrimento é compreendido como uma vontade de Deus para a vida da pessoa. A ela cabe a honrada resignação de tudo suportar, pois o prêmio celeste compensará. Reparem que há distorção da imagem de Deus, atribuindo-lhe uma crueldade que o mantém distante do que nos sugere o bom senso.

O prejuízo é tão nefasto quanto no primeiro caso. Se a religião nega ao ser humano os dois pilares que sustentam sua dimensão espiritual, esta gera o aprisionamento da subjetividade. Ao comprometer a inteireza do ser humano, o discurso religioso realiza o oposto do que deveria realizar.

O contexto profissional

O sequestro da subjetividade também é muito comum nas relações profissionais. Imersas numa trama em que a utilidade costuma prevalecer sobre os significados, as pessoas nem sempre conseguem preservar a dignidade de suas identidades.

Veja bem, exercer uma função dentro de um contexto organizacional é absolutamente saudável. Saber-se parte de um todo, identificar que o específico que nos cabe impulsiona o funcionamento do todo, é muito salutar. Também faz parte da maturidade a consciência de pertencer a um todo. Pela divisão de funções nós exercitamos o espírito cooperativo. O trabalho pode ser para nós uma oportunidade de abandonar o espírito de onipotência, a prepotência que nos faz tão egoístas e mesquinhos. Perceber a trama de nossos cotidianos pode ser uma frutuosa experiência de esclarecimento desse pertencimento. Acordamos e comemos o pão que alguém preparou; vestiremos roupas, calçaremos nossos pés com o resultado do trabalho de pessoas que desconhecemos; utilizaremos um meio de transporte que é resultado de muitas intervenções. Sim, a nossa vida só é possível porque muitas pessoas estão anonimamente construindo os meandros dela. Somos e estamos em constante estado de pertencimento.

Mas o limiar entre a pertença frutuosa, aquela que nos coloca em comunhão com os outros, e o aniquilamento do ser, que se caracteriza como renúncia ao que se é para poder pertencer, é estreito. Quando o coletivo prevalece sobre o particular, desconsiderando-o em sua diferença, forçando-o a uma uniformidade que não contempla sua singularidade, massacrando-o em vez de incorporá-lo como parte irrenunciável do todo, é certo que a subjetividade ficará cativa.

Jesus já alertava em seu tempo: "A autoridade é serviço." É verdade. O bom líder é aquele que identifica no poder que lhe foi confiado a oportunidade de favorecer o crescimento dos que estão sob seu domínio. A expressão nos assusta, eu sei. Estar sob domínio do outro é sempre um risco. Mas deixa de ser no momento em que o que detém a autoridade se comporta como o primeiro responsável pela saúde emocional das pessoas que lhe foram confiadas. O bom líder é aquele que aprendeu a arte de se liderar. O controle de si oportuniza uma liderança cooperativa, motivadora para que as pessoas que estão sob sua liderança manifestem seus potenciais e os coloquem a serviço do grupo.

Mas nem sempre é assim. Quando a liderança é exercida por uma pessoa imatura, que não dispõe da capacidade de liderar, o resultado é sempre desastroso. Liderar pessoas requer muito equilíbrio. Esse equilíbrio emocional é fruto que a maturidade nos permite colher. É ele que vai nos iluminar para que não massacremos a subjetividade dos que trabalham conosco.

O contexto das amizades

"Ninguém tem maior amor do que este, de dar alguém a vida pelos seus amigos" (Jó, 15,13).

Esse versículo bíblico expressa o ponto alto de um amor maduro. Dar a vida pelo outro só é possível aos que já estão no pleno conhecimento de sua verdade, na disposição à solidariedade, na posse dos valores que nos ajudam a viver a partilha do ser que somos.

Mas esse trecho do Evangelho de João é perigoso. Uma interpretação unilateral dessa passagem pode ser desastrosa. Amor é doação. Ninguém pode negar isso. Jesus se referia a uma entrega gratuita, nascida livremente. No contexto de sua palavra, dar a vida é o mesmo que fazer uma renúncia pelo outro em detrimento de nós mesmos. Só o amor nos leva a experimentar o que temos de mais gratuito em nós. Somos naturalmente capazes de viver a compaixão, a doação que não espera retribuição. É motivado por esse amor que renunciamos aos nossos interesses para favorecer o outro. Mas como identificar que o gesto de renúncia não está nos privando de nós mesmos? Como saber se o contexto de nossa doação está realmente sendo gestado pela nossa liberdade interior, não causando assim o nosso aniquilamento? Ou então, como descobrir se nossa doação alimenta uma relação em que o outro nunca se dispõe a se doar, mantendo desta forma um vínculo que impede o seu amadurecimento? É justo interpretar a passagem bíblica, desconsiderando que, num relacionamento de amizade, a doação não pode ser responsabilidade de uma só pessoa?

Essa questão é muito interessante. Precisamos salvaguardar a perspectiva evangélica, de que não podemos cobrar reciprocidade quando amamos, mas também não podemos permitir que sejamos mantenedores de uma amizade cuja estrutura depende unicamente de nossa doação.

Acontece muito. É comum nos depararmos com pessoas esgotadas afetivamente. Interpretaram o *dar a vida pelos amigos* como um fardo, e não como uma possibilidade. Porque lhes faltava o amadurecimento que nos permite agir livremente, porque estavam presas em suas necessidades, experimentaram o lado sombrio do amor.

O preceito bíblico será sempre bem-vindo, mas precisamos investigar constantemente o avesso de nossa conduta. A doação que fazemos ao outro nunca pode nos retirar de nossa inteireza. Mas como saberemos se estamos no caminho certo? É simples. O amor verdadeiro, livre, nascido de uma escolha madura e consciente nunca nos esgota, pois ele é um rebento de nossa liberdade interior. Numa relação madura, equilibrada, as partes não se cansam. Pode até haver conflito, mas nunca o esgotamento da disposição de continuarem juntos.

O contexto do amor conjugal

Nem todo amor nos ama. Por vezes ele é o disfarce do egoísmo. Foi pensando assim que surgiu a ideia de escrever este livro. Como já foi dito no prefácio, foi ouvindo o relato de uma amiga que comecei a gestá-lo. Estávamos na casa de uma amiga em comum, e, encorajada pela taça de vinho que havia tomado, ela começou a me relatar as dificuldades que encontrava no seu relacionamento. Sem nenhum rodeio, ela me disse: "Ele me escraviza." Estava lúcida. Era capaz de reconhecer que permanecia atada a um relacionamento altamente nocivo, desagregador, mas ao mesmo tempo não tinha coragem de romper, quebrar o vínculo que a unia a ele.

Conseguia identificar o quanto a relação lhe fazia mal. Sabia-se totalmente dependente dele. A dependência já repercutia em sua saúde. Bonita, inteligente, cheia de possibilidades, amargava um precioso tempo de sua vida dedicando-se a uma pessoa que só lhe causava dor. Era angustiante ouvir o seu relato, pois ele apontava para um considerável autoconhecimento, mas também expressava uma total incapacidade de colocar um fim ao martírio que enfrentava.

Eu ouvi a história e imediatamente ocorreu-me a ideia de que aquela menina estava sequestrada. Diferente do sequestro convencional, mas sequestrada. O namorado havia confiscado a sua subjetividade. Desintegrada emocionalmente, permanecia incapacitada de tomar uma decisão que pudesse lhe devolver a alegria de viver.

O sequestro da subjetividade é muito comum no contexto do amor conjugal. Requer muito zelo para que o relacionamento não se torne um lugar de escravidões. Estando as portas da subjetividade abertas, o invasor desconsidera a sacralidade do outro como *si mesmo*. E no exercício de um egoísmo cruel, instala acampamento na alma de quem diz amar, transformando-a numa extensão de seus desejos e vontades. É a relação objetal, em que o outro é interpretado como um objeto que pode ser manuseado e dispensado.

É grande o número de pessoas que, na tentativa de viver uma vida a dois, adentraram essa relação objetal. Encontro muitas pessoas que deixaram de se pertencer. A perda de pertença é alimentada dia a dia, sobretudo quando o amor é ingenuamente interpretado como entrega incondicional. Sim, é possível falar na incondicionalidade do amor, mas é preciso muita cautela na sua vivência prática. Mais uma vez a questão da maturidade. O amor nunca pode ser instrumentalizado para gerar prisões. Mas só a relação madura nos proporciona saber quando é que estamos gerando esses aprisionamentos. Requer coragem assumir que estamos sendo cruéis com os que amamos. Requer grandeza de alma não pedirmos o que não é direito pedir. Sim, em muitos relacionamentos, os cônjuges se escravizam. Tudo em nome do amor. No silêncio de concessões não refletidas, muitas vezes motivadas por uma equivocada maneira de compreender a doação amorosa, as pessoas abrem mão de si mesmas.

Eis o equívoco. O amor não pode nos privar de nós mesmos. A nossa doação ao outro não pode representar um aniquilamento de nós mesmos. A nossa essência antecede a tudo o que podemos oferecer. E ela precisa ser constantemente preservada. Eu preciso me ter para que depois eu possa me dar. Só podemos nos oferecer livremente se antes estivermos dispondo da essência que nos faz ser quem somos. Não podemos permitir que um relacionamento nos prive dessa essência. Nem tudo de nós pode pertencer ao outro. Até a mais radical doação precisará considerar a preservação do núcleo que não pode ser desfeito. Essa dimensão não pode ser doada. Nossa essência. Se nos retiram o que somos, já não temos nada o que oferecer.

Veremos isso mais adiante, quando analisarmos o conceito de pessoa. Só pode se dar aquele que antes se possui. Por ora, nos limitamos a refletir que concessões não nascidas de um amor maduro, o qual nos firma no porto de nossa essência, podem abrir portas para um relacionamento doentio.

Alguém

Alguém me levou de mim.
Alguém que eu não sei dizer,
alguém me levou daqui.
Alguém, esse nome estranho.
Alguém que eu só vi chegar,
alguém que eu não vi partir.
Alguém, que se alguém encontrar,
recomende que me devolva a mim.

Da sedução ao cativeiro

O sequestro da subjetividade é uma forma de aliciamento. A invasão é suave, processual. Antes dos maus-tratos do cativeiro emocional, a sedução da conquista. É natural que seja assim. A dependência afetiva passa pelas mesmas regras da dependência química.

As primeiras experiências com as drogas costumam ser prazerosas. O contexto é de afabilidade. O traficante, por exemplo, nunca aborda violentamente o seu futuro dependente. Ele o seduz com gentileza, atenção. Não cobra pelas primeiras porções, porque sabe que a vítima precisa ser conquistada. Depois de firmada a dependência, o que se vê é a intolerância, a relação que desumaniza e espolia a dignidade. Com o estreitamento da relação, o que se percebe é o estabelecimento de um estado semelhante ao que se dá no sequestro do corpo: a condição de vítima. O outro exige o que não é direito seu exigir. Ultrapassa os limites que deveriam ser preservados e pisa a dignidade que merece reverência, porque é sacra.

Foi o que aconteceu com outra menina que conheci...

Ela chegou a mim com os olhos cheios de medo. Bonita, nascida em uma família bem estruturada, a menina começou a se relacionar com um amigo de colégio. No início, era apenas uma aproximação despretensiosa, e por isso a família não viu a necessidade de intervir. "Coisa de adolescente", como costumamos dizer.

Os encontros eram ocasionais e o rapaz nem chegou a ter contato com os familiares dela. Ele nunca se interessava em conhecer o mundo que dava à menina seu horizonte de sentido. A história começou a preocupar quando, um tempo depois, os pais perceberam os maus resultados no colégio. Pela primeira vez, a garota teve um desempenho insatisfatório. Com as péssimas notas, surgiu também uma tristeza desoladora. Ela tentou duas vezes o suicídio.

A menina que, até então, tinha uma vida tranquila, cheia de sonhos e amigos, de repente estava enfrentando um quadro depressivo grave. Levada a um terapeuta, finalmente as razões do sofrimento foram conhecidas.

Ela estava apaixonada pelo rapaz há mais de um ano e, desde que ficaram juntos pela primeira vez, ele a transformara num objeto de seu prazer. Ao contrário do que ela sempre dizia, nunca namorou o rapaz. Ele mantinha outro relacionamento estável que já durava mais de dois anos. Ela era a *outra* e sempre soubera disso.

Com apenas 16 anos, aquela menina já tinha enfrentado, sem o conhecimento de seus pais, os perigos de um aborto caseiro, por meio da ingestão de comprimidos, com o intuito de expulsar o filho indesejado de seu ventre. Ele a obrigara.

As humilhações eram frequentes. Ela confessou-me que o rapaz só a tratou carinhosamente nas primeiras semanas. Assim que ele percebeu o sucesso da conquista, seu comportamento mudou. Ele não tinha o menor respeito por ela. Não a procurava, senão para sua satisfação sexual. A menina cumpria o papel de *prostituta socializada*.

Ela sabia de tudo isso, mas não adiantava saber. A razão do seu sofrimento era essa. Ela não conseguia romper com ele. Havia perdido a capacidade de dizer *não* aos pedidos dele. Por mais que reprovasse o próprio comportamento, ela temia fechar o único acesso que o trazia à sua vida.

O conflito ficou estabelecido. A angústia e o sofrimento chegaram. Aquele rapaz mantinha a pobre menina num cativeiro afetivo. Dispensava-lhe um tratamento desprezível, mas, vitimada, ela desaprendeu a dizer *não*. Sem dizer *não*, permanecia afetivamente privada de si mesma. A violência velada tinha o poder de minar e fragilizar sua subjetividade, colocando-a constantemente à disposição de seu sequestrador.

Mesmo sabendo que participava de uma trama altamente nociva, ela era incapaz de pedir socorro. O medo de romper com o rapaz, de perder a única via que lhe permitia ter contato com ele, a impedia de tomar a decisão certa para sua vida. O sentimento que ele lhe oferecia era precário, mas ela não sabia mais viver sem sua presença. Estava trancada no cativeiro da dependência. E não estava disposta a enfrentar o sofrimento de abrir as portas. Preferiu reduzir a sua vida àquele espaço miserável que lhe era oferecido.

Desprovida de amor-próprio, resignou-se a viver como um objeto de prazer. Perdeu de vista a sacralidade de sua condição humana. Deixou de ser pessoa. Regrediu no processo. Renunciou à autonomia, fruto da educação dada pelos seus pais, e limitou-se a ser uma extensão material de seu algoz. Sim, o seu corpo estava intimamente ligado ao dele por meio de uma dependência afetiva que a privava de ser livre. Ela temia o rompimento, temia perdê-lo. Por isso, preferiu perder sempre. Perdia a cada dia. A pior de todas as perdas. Perdia a si mesma.

O rapaz teve acesso à totalidade daquela menina. Certamente investigou suas fragilidades e fez questão de utilizá-las. Ela entregou tudo nas mãos dele. Ele se apossou de sua subjetividade pela força do afeto e estabeleceu uma relação de dependência. Instalou-se como um intruso. Primeiramente rendida de amor, depois pela dependência, ela aceitou o pouco que ele lhe dava, pois temia não sobreviver sem o seu amor de precariedades. Ela estava viciada nele. Uma necessidade química, semelhante à da pessoa que depende da cocaína. Mais tarde pude aprender: sim, pessoas se viciam em outras com a mesma intensidade com que se viciam em substâncias químicas.

Depois que a família descobriu a gravidade da situação, mesmo contra sua vontade, a menina foi encaminhada a um tratamento. Mediante ajuda terapêutica, e após um longo período de atividades complementares, a adolescente pôde retomar as rédeas de sua vida e expulsar o rapaz e suas artimanhas ardilosas. Foi preciso enfrentar o sofrimento agudo do rompimento para que ela reassumisse o amor-próprio, e só assim conseguisse sair da prisão emocional que ele havia construído para ela.

Essa história nos ensina. Toda relação humana necessita de cuidados, porque sempre transita nos limites tênues entre amor e posse. Do amor à posse, o caminho é curto. Basta que percamos o foco de nossa identidade para que corramos o risco de alguém administrar nossa vida, roubando-nos de nós mesmos.

O mundo e seus cativeiros

A vida humana é sempre uma experiência mundana. Vivemos no mundo. No latim, *mundus* também pode ser aplicado como adjetivo. Mundo pode ser tudo aquilo que está em ordem, limpo, asseado. É tudo o que está fora da condição de caos. Um exemplo simples pode nos ajudar na compreensão. É bem provável que você já tenha assistido aos programas que contam histórias de pessoas acumuladoras. Tão logo começa a intervenção dos familiares e terapeutas, que pretendem ajudar a pessoa acumuladora, o programa faz questão de mostrar o caos que se tornou a casa em que ela habita. A sujeira e a desordem provocadas pelo acúmulo dificultam as vivências que todo lar pode proporcionar. Interessante esse desdobramento do conceito de mundo. Não estamos muito familiarizados com ele, pois nós nos limitamos a usá-lo somente como substantivo. Viver bem é uma experiência de constante adjetivação positiva, isto é, criar contextos bonitos, construir vínculos saudáveis, extrair de nós o que temos de melhor. É assim que qualificamos o nosso mundo substantivo, que ordenamos a realidade em que estamos situados. Cada vez que realizamos um gesto que organiza, que coloca na ordem, que limpa e que harmoniza, de alguma forma estamos recriando o mundo, isto é, desfazendo o caos.

Mas o mundo é também um lugar de movimentos contrários. Ao mesmo tempo em que há o movimento que encaminha a realidade para a ordem, há também o movimento que retira a vida da ordem e reconstrói o caos. É o mundo em sua negação. Interessante, mas, dentre os inúmeros significados da palavra mundo, há um que a coloca como adjetivo que diz respeito àquilo que está asseado, limpo, polido e puro.

Pois bem, a palavra *imundo* indica a negação do mundo, uma vez que, na língua portuguesa, ela significa *que está sujo, impuro*.

Portanto, o imundo pertence à categoria de tudo o que está fora da ordem, desarmonizado, caótico. Realidades imundas precisam ser reordenadas para que voltem à forma original. É assim que consertamos a vida; é assim que atualizamos o gesto criador de Deus no espaço em que estamos: desfazendo o caos.

Toda vez que esbarramos nos cativeiros do mundo, de alguma forma, encontramos a negação da vida humana. Cativeiro é o local imundo, da desordem, do roubo e da desumanização. Cada vez que um cativeiro é estabelecido, em sua materialidade ou não, alguém está perdendo a capacidade de recriar o mundo por meio da própria vida.

O tratado de Teologia cristã da criação nos assegura que o gesto criador de Deus tem sempre continuidade na vida humana. Cada vez que eu me realizo verdadeiramente como pessoa, vivendo e aperfeiçoando as capacidades que me foram entregues, tais como minha liberdade e capacidade de amar, de alguma forma o Criador continua criando o mundo a partir de mim.

É por isso que podemos dizer que o ser humano é dotado de capacidade recriadora. A inserção da vida humana no espaço criado teve o intuito de que nos tornássemos sujeitos da criação. Como já vimos anteriormente, ao sujeito cabe a função de realizar a ação do verbo. Neste mundo de tantos verbos, os sujeitos movimentam e transformam o mundo.

Podemos alçar um voo ainda maior. De acordo com a Teologia cristã, o Verbo de Deus se torna sujeito em cada criatura humana, potencializando-a a ser por Ele, Nele e com Ele. Essa incorporação da vida divina na vida dos humanos é um desdobramento do mistério da Encarnação. Pelo mistério de Deus encarnado, a criatura humana legitima no tempo por meio de sua ação, a Graça, isto é, o amor de Deus sempre presente e atuante no mundo. Graça que salva, santifica, humaniza, transforma, gera o mundo ao desfazer o imundo.

A Antropologia teológica cristã nos propõe que o mistério da Encarnação tem continuidade histórica por meio do movimento humanizador que a graça de Deus realiza. Graça que no sujeito é particular, podendo ser acolhida, ou não, pelo exercício da liberdade.

A ação da graça de Deus na vida humana trabalha num primeiro momento no fortalecimento de nossa identidade. Somos filhos no Filho. Somos incorporados pela força sacramental que está manifestada no dom de Deus na tarefa humana. Veja bem, a intervenção divina não está para *tornar angélico o humano*, mas, ao contrário, está para conceder-lhe nova condição humana, restaurada e reconciliada em Jesus, o Verbo de Deus.

Essa compreensão antropológica cristã é riquíssima, pois nos sugere a santidade como aperfeiçoamento do que é humano, e não como sua negação.

Em cada sujeito é colocada a presença do Verbo, o movimento que a tudo comanda. A graça de Deus é conferida a cada sujeito de maneira única e particular. O sujeito e sua subjetividade. Cada um move o mundo ao seu modo, de acordo com os atributos e limites que lhe são próprios. A graça esbarra nesses limites, pois nem todos estão em busca de uma forma de viver que seja favorável ao florescimento de sua subjetividade, ao fortalecimento de sua identidade.

O impulso da graça na vida humana tem o poder de fortalecer essa identidade. Vida de santidade é busca pela inteireza, pela posse de si mesmo. Viver santamente consiste em assumir e fortalecer a identidade que de Deus recebemos. É se esmerar por tomar posse do ser humano que Deus planejou que fôssemos.

Santificar é o mesmo que humanizar. É recebermo-nos de novo; é voltar ao molde inicial, no qual o Verbo nos gera e nos faz ser o que somos. Não viver a santidade é o mesmo que abdicar da condição de realeza. É como se um rei resolvesse ser escravizado. Deixa o trono, vai viver a condição desumana que a escravidão confere. Esquece que é rei, abdica do trono. Deixa o mundo e assume o imundo como casa.

A vida cristã é afrontosa aos orgulhosos e prepotentes. Deus confere realeza aos mais fracos deste mundo. Os miseráveis foram revestidos de um manto de glória. Os fracassados foram olhados nos olhos; receberam o convite para a festa principal. Qualquer um pode aceitar esse convite. Os títulos reais estão à disposição. Basta querer.

No mundo do caos, a situação é outra. O projeto é desumanizar. É retirar a dignidade, a realeza; é causar o esquecimento da condição que nos assegura sermos prediletos de Deus, gente de valor.

O imundo é o lugar dos que optaram pela desumanização. Neste contexto a mesa nunca está posta. Não há banquete, porque não há o que comemorar. A vida torna-se uma mesmice. Os vícios humanos prevalecem. Não há desafios a serem vencidos. O diabólico não propõe superação. O que ele propõe é que cada um se acomode com seus limites. É fácil viver esse projeto, não requer esforço.

A desumanização nunca solicita coragem. Ela só requer fraqueza. É mais fácil ser fraco. É mais fácil justificar-nos na preguiça existencial que nos aquieta nas expressões que são próprias de quem já perdeu a batalha. "Sou assim mesmo e não quero mudar!"

Mas a santidade, esta sim, requer coragem. Existir com qualidade é desafio que nunca termina. Requer esforço constante para manter a qualidade humana. É luta diária arregimentar as mudanças que nos tornam pessoas melhores, manter a fidelidade ao que de bom, belo, justo e verdadeiro já alcançamos de nós, mesmo quando tudo parece nos encaminhar para o processo natural da superficialidade e do falseamento.

O caos é feito de um oceano superficial. Não é preciso pensar para nele sobreviver. Muito pouco é necessário. Basta entrar no movimento das transitoriedades e dos condicionamentos. Basta descobrir o encaixe na engrenagem que movimenta o conformismo, e que nos desobriga de viver o protagonismo de nossa história.

É lamentável. As estruturas sociais em que estamos situados são fortemente marcadas pela transitoriedade. Sendo tudo tão passageiro, tão artificial e representativo, torna-se muito difícil a experiência de manter a identidade, de estabelecer o pacto com a graça divina que nos quer inteiros, posicionados em nossa verdade pessoal.

Existir sem qualidade não requer esforço, volto a dizer. Basta aderir ao movimento das estruturas que tornam a vida humana cada vez mais artificial. Basta dizer sim à massificação e ao movimento brutal dos desumanizados deste mundo. Basta se render àqueles que legitimam as forças das realidades caóticas do nosso tempo.

No espaço dos desumanizados, a subjetividade não tem valor. Não há preocupação para se preservar a sacralidade da pessoa e seu horizonte de sentido. Todo o esforço direciona-se à manutenção de uma estrutura de poder que cada vez mais fragiliza a vontade humana.

Meios de comunicação, estrutura política, econômica e até mesmo religiosa socializam uma proposta de cultura humana que definitivamente não está a favor do fortalecimento da identidade, mas, ao contrário, legitima o interesse em retirar o ser humano de seu prumo, deixando-o à deriva, num imenso mar em fúria.

Fragilizado, o ser humano fica vulnerável, e facilmente é roubado de si mesmo. Acrítico, passa a sorver a existência sem ter condições de pensar sobre ela. Entra no doce movimento do mundo que o entretém, em vez de desafiá-lo. Entretido, e sem perceber que o faz, abre mão de ser quem é para viver o modelo que lhe foi imposto. Em pequenas medidas, entrega-se diariamente ao movimento do caos. Permite que os invasores se alojem nas imediações de seus territórios e, aos poucos, bem aos poucos, vai cedendo à invasão.

Essa reflexão pode ser belamente amparada nos versos de Eduardo Alves da Costa quando nos diz:

> Na primeira noite eles se aproximam e roubam uma flor do nosso jardim. E não dizemos nada. Na segunda noite, já não se escondem; pisam as flores, matam nosso cão, e não dizemos nada. Até que um dia, o mais frágil deles entra sozinho em nossa casa, rouba-nos a luz, e, conhecendo nosso medo, arranca-nos a voz da garganta. E já não podemos dizer nada.[1]

A invasão é lenta. E o pior, é ato permitido. O nosso medo autoriza o invasor. O não dizer é uma omissão terrível, é uma forma de autorizar o golpe. O outro nos banaliza aos poucos, avança em nossos territórios; toma posse do que amamos, pisa o nosso jardim,

---
1 Trecho de "No caminho, com Maiakóvski", de Eduardo Alves da Costa.

assassina os nossos filhos; e porque nunca dissemos nada, agora é que já não podemos mesmo dizer.

Eles entram pela porta da frente, e até o mais frágil de todos é capaz de roubar-nos a luz. Fora da luz de nossa identidade, isto é, esquecidos de nós mesmos, somos presas frágeis diante dos promotores do caos. O medo nos fragiliza. Ao medo cabe o poder de paralisar os que não sabem do que são capazes. Essa ocupação do nosso território não é feita com alarde.

No mundo das representações, os sequestradores não estão encarapuçados, tampouco nos surpreendem em vielas escuras. Eles andam às claras, e nem sempre sabem que estão a serviço dos desumanizados. Também eles foram vítimas de sequestro. Também eles não sabem que estão nos cativeiros do mundo moderno, transitando entre as condições de sequestrado e sequestrador. Eles desconhecem a grandeza do mundo. Pouco sabem do que realmente podem. Não exerceram o poder criativo do bem.

O elemento-chave para que essa incapacidade de percepção prevaleça é justamente a artificialização do mundo. Não sendo afeito à reflexão, o sujeito não se torna capaz de analisar as relações que estabelece, tampouco a maneira como escolheu viver.

Transita pelos territórios minados da estrutura dos desumanizados e sofre a triste condição de ser solitário e errante. Por não ser dono de si, dificilmente poderá se oferecer a alguém de verdade.

Viverá trancado em seu pequeno cativeiro, incapacitado de reconhecer que precisa de ajuda para sair. Ele, em sua miséria, abriga o universo inteiro. Engrossa a fila dos necessitados deste mundo, perde a oportunidade de fazer valer a sua existência, e passa a desempenhar um papel muito pouco digno de ser aplaudido por quem o vê atuar. O mundo nele não se recria, mas, ao contrário, acelera ainda mais o seu processo de destruição. Nele o caos ganha força, representação.

A vida tem nos ensinado. Onde houver um ser humano em processo de destruição, nele todo o universo vive a dor de morrer aos poucos. O contrário também pode ser verdade. Onde estiver um ser humano se renovando pela força da graça recriadora, que se manifesta pela fé, pelo autoentendimento, pela amplificação da consciência, ou pelo poder de um exercício de vontade, nele todo o universo estará sendo recriado. Na condição de ser primeira morada do mundo, cada ser humano traz em si o dom de transformar o mundo inteiro, mas isso só será possível se ele viver o constante desafio de não se perder de si mesmo.

Quando o sequestro da subjetividade se estabelece na vida de uma pessoa, o que acontece é justamente o esquecimento da identidade. Fragilizada, perde o desejo de lutar e de se defender dos ataques que lhes são altamente nocivos. Seu mundo é transformado em imundo. O que era ordem transforma-se em caos. É o caos dos afetos, dos pensamentos, das diretrizes. É o caos lançando suas raízes tão destruidoras e profundas, neutralizando as iniciativas que poderiam gerar alguma forma de superação. É o mundo deixando de ser mundo, assim como nas histórias que veremos agora.

Dois casos de sequestro

O quarto era sombrio, sujo. A vida de quem o habitava também. Não parecia um espaço humano. Não sugeria vida, estímulo para o bem-estar, ou mesmo um lugar em que alguém pudesse ser feliz. Recordava-me os lugares reservados para colocar esquecimentos, coisas que não necessitam estar à vista, depósito de objetos sem utilidade.

"Este é o quarto do meu filho!", revelou-me com voz embargada, cheia de tristeza, aquela mulher nem jovem, nem velha. Na confissão quase envergonhada de que aquele lugar estranho era o lugar da casa reservado ao seu filho, a mulher parecia pedir socorro, como se estivesse contando ter descoberto o lugar do cativeiro do filho sequestrado. Não, não era um lugar distante dos seus olhos. Não era como nas histórias clássicas de sequestro, em que os sequestradores escolhem um lugar ermo para manter a vítima em estado de rendição. Era dentro da sua própria casa que os sequestradores mantinham o seu filho amado em condições inumanas.

Olhou-me com indignação, como se quisesse justificar-se de permitir aquele absurdo. "Meu filho dorme aqui!", repetia com tristeza. Parecia querer acreditar em motivos desconhecidos, estranhos à razão humana, que pudessem justificar a escolha tão errada de seu menino.

As drogas o sequestraram. Vítima da dependência química, aquele menino dotado de inteligência rara entregou-se aos maus-tratos que os entorpecentes causam na vida humana. O vício chegou de mansinho, de forma gradual, assim como tudo na vida. Depois das drogas socializadas, bebidas alcóolicas e cigarros que podem ser comprados no bar da esquina, o rapaz chegou às drogas que necessitam ser mediadas pelos traficantes. Aos poucos, bem aos poucos, eles foram assumindo o comando da vida de seu sequestrado. Solícitos e compreensivos no início, depois se tornaram os mentores de todos os delitos que o rapaz precisava realizar para manter o seu vício. A mãe era consciente disso. Muitas vezes ela mesma dava o dinheiro para o pagamento, pois sabia que a vida do filho corria perigo. Mesmo que os seus rostos nunca tenham sido conhecidos por aquela família, eles eram os grandes responsáveis pela indigência do rapaz.

Violência, roubos; tudo o que antes era inimaginável na vida do menino tornou-se real. A droga o fez assumir uma personalidade estranha, alheia, porque provocou nele o esquecimento de quem ele era. Passava dias e noites vagando pela casa, consumido pelas substâncias que entorpeciam sua mente, incapacitando-o de recrutar a lucidez que o fizesse ver a destruição que estava cavando em si.

Sequestradores costumam fazer isso com suas vítimas. Quanto mais esquecido ele estiver de sua natureza, maior será sua entrega aos poderes de quem o sequestrou, de quem o levou de si mesmo.

Sequestros do corpo; sequestros da subjetividade. Nem sempre é preciso levar o corpo, acorrentá-lo de maneira concreta, real. Há um jeito sutil de levar embora, de conduzir para fora, de fazer esquecer, de perder a pertença. Viciados não se pertencem mais. Estão sujeitos a uma necessidade que se opõe à liberdade. Perderam a condução da própria vida, porque foram levados por uma necessidade estranha, alheia, mas determinante.

A família já havia tentado ajudar de todas as maneiras. Internações, psicoterapia, tratamento psiquiátrico, mas nada deu certo.

O menino morria gradualmente aos olhos de todos. Por muitas vezes a mãe vasculhava o seu esconderijo, seu cativeiro, para procurar a droga que o viciara tanto, mas de nada adiantava. Ela sempre soube que não resolveria retirar a droga de suas gavetas e bolsos. A droga que carecia ser retirada não estava fora, mas dentro dele, lá na raiz da dependência, em que um dia os traficantes, os sequestradores de seu filho, plantaram suas sementes tão maléficas.

O sofrimento da mãe não passou impune. Aos cinquenta e poucos anos, desenvolveu um Alzheimer precoce. A doença foi devastadora. Em pouco tempo o mal silencioso varreu dela o estado de consciência. A mulher jovem, dinâmica, inteligente, de repente foi apagada pela apatia. O olhar perdido, que antes me recebia com tanto amor, deixou de saber quem eu era. O drama do marido, que restou com o filho dependente químico, e o filho mais novo, traumatizado com tudo o que viu e experimentou, se estendeu por um longo tempo. Não tenho conhecimento suficiente para dizer que a doença foi uma resposta ao sofrimento experimentado. Mas a minha intuição me diz que sim. Tudo na vida está interligado. Há uma teia delicada nos unindo e nos influenciando profundamente. A dependência química do rapaz pode sim ter apressado uma predisposição genética ao Alzheimer. O sofrimento foi tão agudo que a mente deixou de suportar, quis partir, apagar-se, mergulhar num breu de esquecimentos. Os sequestradores de seu filho tinham participação no destino trágico daquela mãe? Ouso dizer que sim.

Outra história. Ela era uma moça bonita. Beleza não convencional; beleza rara. Era muito inteligente, articulada. Tinha 15 anos quando conheceu o homem que era 20 anos mais velho do que ela. Tinha idade para ser seu pai. Ele chegou quando ainda não era tempo de chegar. Pediu dela o que ela ainda não estava preparada para oferecer. Ela não soube dizer não. Ele trabalhava no colégio em que ela estudava. Era o responsável pelos serviços gerais. Aos poucos foi se aproximando, construindo com ela um vínculo amistoso. Talvez por ter perdido o pai muito cedo, ela viu nele uma espécie de protetor. Os encontros se davam às escondidas, nas dependências do colégio. Àquela época não dispúnhamos dos sistemas de segurança que hoje nos permitem identificar ações estranhas. Ele passou a manter relações sexuais com ela. A mãe de nada suspeitou. A menina estava encantada e a tudo mantinha em segredo, pois era uma exigência dele. O encanto tem o poder de cegar os que estão encantados. Os encantadores sabem disso. Pouco a pouco, ele foi invadindo a sua casa interior, a sua vida, os seus valores. Feito um posseiro, desrespeitou as cercas e proclamou ser proprietário da vida daquela menina, que ainda tinha ares de criança. Aquela que até tão pouco tempo brincava de boneca agora tinha nos braços uma criança de verdade. Maternidade prematura. Foi quando engravidou que a mãe descobriu toda a história. Mas já era tarde. A paixão fez com que sua família deixasse sua casa e fosse morar com aquele homem. Ele não a assumiu como esposa. Instalou-a numa casa e aparecia quando bem entendia. Ela era um objeto de sua satisfação. Ela não conseguia fazer diferente, deixava que fosse assim. Não tinha forças para discordar. O encanto ainda continuava.

    Ele fez com que ela esquecesse todos a quem amava. Tornou-se uma estranha às amigas, perdeu a liberdade de pedir afeto, de demonstrar fragilidade, de voltar a ser menina. A mãe tentou de todas as formas reverter a situação, mas esbarrava na constante resistência da filha. Logo após o nascimento da criança, ele impôs que ela voltasse para a casa da mãe. Ela não queria, mas ele deixou de manter os custos da casa. Não restando outra opção, voltou com o filho para o seu antigo lar. Mas quem voltava não era a mesma pessoa que um dia havia saído. Os acontecimentos nos transformam, tornam-nos outros. Somos permeáveis. As experiências emocionais nos alteram. A menina que retornava, naquele momento com uma criança nos braços, estava emocionalmente devastada, completamente fora do controle de sua vida. Sem autoestima, sem coragem, sem vontade de reassumir as rédeas da própria vida. Embora o retorno à casa da mãe representasse o reencontro com uma ambiência afetiva favorável, amorosa, ela não se entusiasmava com o fato, pois estava condicionada aos maus-tratos do cativeiro. Sentia falta da presença opressora de seu algoz. A vida ao lado dele, mesmo marcada pela violência emocional e física, havia deixado nela uma dependência muito difícil de ser superada.

E havia um outro detalhe importante. Aquele homem não lhe deixara apenas um filho. Deixou-lhe também a dependência química do álcool. Dezesseis anos, mãe e alcoólatra. Depois que retornou à casa da mãe, o processo de destruição ganhou novos elementos. Um vício puxa o outro. Do álcool passou à cocaína e depois veio o *crack*. A mãe muito pouco pôde fazer, pois todas as tentativas de intervenção esbarravam na resistência da menina. Ela não queria mais viver. Manifestava o desejo com os hábitos nocivos. Passava semanas inteiras sem aparecer em casa. A criança foi completamente assumida pela mãe, que viu naquela oportunidade um amparo afetivo que pudesse dar um pouco de alívio ao seu desalento. Numa manhã iluminada de setembro, o sequestro daquela subjetividade terminou da pior forma. A menina foi encontrada morta, vítima de overdose, na garagem de sua casa.

Um desfecho desastroso para alguém que tinha em si um potencial imenso. O envolvimento com o sequestrador estabeleceu uma sentença de morte. A paixão avassaladora destrancou uma sequência de acontecimentos que culminou naquele corpo inerte no chão. A beleza de antes não existia mais. O corpo ferido, esquálido, os cabelos embaraçados, as feições marcadas por um envelhecimento precoce, nada mais tinha comunhão com a beleza exuberante de dois anos antes. Aquela manhã de primavera selou um sequestro que não teve resgate. Trágico fim, trágica continuidade na vida das pessoas que a amavam.

Duas vidas, duas histórias escritas com tintas carregadas de sofrimento. Dois exemplos clássicos de sequestro da subjetividade. Ambas as histórias têm como protagonistas gente de pouca idade, vulnerável às imundícies que sempre fizeram parte da condição humana. Seduções que resultaram em tragédias. Realidades comuns nos nossos dias, em que as pessoas se tornam incapazes de romper com as forças que as destroem. Perdem o amor-próprio, deixam de cultivar os que amam; trocaram-nos por estranhos; desamparam-se aos poucos até perderem o senso de direção.

O processo é sempre assim. O sequestrador afasta sua vítima de tudo o que para ela representa segurança. Quanto maior a vulnerabilidade, maior será o seu domínio. Sequestradores são especialistas em nos fazer esquecer nossos portos seguros. Ao sequestrado resta pouco. Terá de se acostumar com um alimento qualquer, com um cativeiro qualquer, e depois com uma vida qualquer.

O sequestrado perde o paraíso, é expulso da própria casa, é deserdado, porque fica privado de orbitar em sua essência original. Não sei se há perda maior que essa. Perder a possibilidade de ser. Ser privado da incomensurável dádiva de ser de si. Passar a representar o personagem que o sequestrador escreveu para sua atuação. Tão logo ele assume o comando das emoções de sua vítima, ele diz o que o sequestrado será. Sendo assim, o que lhe resta é seguir a fio sua definição.

Representar o papel que o outro escreveu é o mesmo que abdicar do direito de escrever a própria história, o próprio enredo. É permitir que a máscara seja colada na cara, ocultando assim o ser que se é.

Máscaras ocultam pessoas. Privam-nas de viver a dinâmica que a verdade proporciona, ou seja, levar o ser humano à posse do que é e assim colocá-lo à disposição dos que estão ao seu lado. É a partir daqui que queremos refletir sobre o conceito de pessoa. O conceito, proposto pela reflexão cristã, é profundamente esclarecedor, pois nos ajuda a pensar as duas dimensões que nos impactam diuturnamente: o ser de si, para si, e o ser para os outros.

Ser pessoa é ter a posse de si

A palavra "pessoa" é muito comum entre nós. Apesar de a repetirmos exaustivamente, muito pouco sabemos aplicá-la com a devida consciência de seu significado. Geralmente a compreendemos somente como referência primeira ao ser humano, mas seria promissor mergulhar um pouco mais nos significados profundos para os quais a palavra pode nos apontar. A palavra "pessoa", do latim *persona* e do grego *prósopon*, foi amplamente sustentada na cultura como referente aos *disfarces teatrais*, e por isso ficou muito associada à personalidade representada pelo ator. Os gregos, inventores do teatro, e certamente os que mais contribuíram para o estabelecimento da cultura ocidental, legaram-nos essa palavra e essa derivação: pessoa é a máscara que o ator sustenta no rosto.

Mas o contexto cristão, profundamente influenciado pela filosofia semítica, ultrapassou essa concepção e revestiu a palavra com um significado mais profundo. De acordo com a Antropologia teológica cristã, o conceito de pessoa deve ser compreendido a partir de dois pilares: ser pessoa consiste em *dispor de si* para depois *estar disponível*. Dispor de si é o mesmo que *ser de si, ter posse do que se é*. Esse primeiro pilar refere-se diretamente a tudo aquilo que já mencionamos a respeito da subjetividade. É a posse do eu fundamental, a essência irrenunciável que determina a nossa singularidade.

É interessante perceber que a singularidade é um tesouro que não se esgota. Constantemente, vivemos a aventura de desvendar nossos territórios. É como se todos os dias fizéssemos uma caminhada pelo espaço em que está localizada nossa casa, e sempre descobríssemos lugares nunca antes percebidos. Uma vez descoberto, o território passa a incorporar o que somos. Olhamos e dizemos:

isso é meu! Descobrir não é o mesmo que inventar. Nós já estamos em nós; o único esforço é descobrir o ser que somos.

Isso traz ao conceito de pessoa uma dinâmica que nos possibilita dizer que, enquanto estivermos vivos, estaremos constantemente aumentando nossa propriedade. Estaremos nos aventurando no duro processo do autoconhecimento, desbravando fronteiras, retirando as travas das porteiras que nos impedem de ir além do que já pudemos avançar em nós mesmos.

Cada pessoa é uma propriedade já entregue, isto é, dada a si mesma, mas ainda precisa ser conquistada. É como se pudéssemos reconhecer: "Eu já sou meu, mas preciso me conquistar", porque, embora eu tenha a escritura nas mãos, ainda não conheci a propriedade que a escritura me assegura possuir.

A disposição de si é dom. Para os que creem, Deus nos entrega a nós mesmos o tempo todo. É presente que tem o poder de nos encantar pela vida inteira. Presente grandioso que requer calma no desembrulho. Vamos, aos poucos, tomando posse, retirando lacres, descobrindo detalhes. Tornar-se pessoa é aventura constante de busca, e o resultado dessa busca é a disposição de si. Para os que não creem num princípio que nos antecede e nos fornece o ser que somos, também é possível compreender-se como um mistério que aceita ser perscrutado. Há uma essência gerando a singularidade. A crença na essência não é de natureza religiosa, mas resultado de uma arregimentação lógica que nos permite compreender a condição humana como um território repleto de fronteiras à espera de serem conquistadas.

Retornemos ao esclarecimento conceitual. O segundo pilar do conceito de pessoa consiste em *estar disponível*. O que dispõe de si tem possibilidade de dispor-se aos outros. Depois de assumida a propriedade, aquele que se possui passa a ter condições de receber visitas. Ser visitado é também um jeito de reconhecer o que possuímos. A presença do outro nos indica o que somos. O encontro nos diferencia num primeiro momento para depois nos congregar. No processo da diferenciação está a posse de si mesmo. Olhamos para o que o outro é e descobrimos que não somos o outro. Já no processo de congregação, somos desafiados a unir o que somos àquilo que os outros não são. O contrário também é verdadeiro. Unimos o que ainda não somos àquilo que os outros já são. Uma complementariedade existencial que experimentamos rotineiramente, pois é ela a responsável pelo florescimento dos vínculos afetivos que constroem a nossa ambiência emocional/afetiva.

Toda vez que falo ou penso sobre esses movimentos existenciais, sou naturalmente conduzido a uma lembrança da infância, quando passava horas debaixo do tear de Margarida, avó do meu cunhado Juca, esposo de minha irmã Lourdes. Os movimentos sabiamente comandados por ela estabeleciam a ordem das cores. Linhas vermelhas eram entrelaçadas às linhas amarelas, verdes, azuis. A trama que os entrelaçados construíam não fazia com que o vermelho deixasse de ser vermelho ou azul deixasse de ser azul. Não, cada cor permanecia sendo exatamente o que era. A mistura proporcionava às cores uma nova maneira de ser. Penso que somos semelhantes às cores que vivem nas tramas dos teares. Da mesma forma como os fios se entrelaçam para juntos formarem o tecido, nós também nos agrupamos para construir comunidades. Eu não preciso deixar de ser para pertencer. Mas me dou sendo exatamente quem sou. Não invento um outro eu para ser e estar em comunhão com outros eus.

Outro exemplo interessante é o mundo das palavras. Uma palavra sozinha tem um significado particular. Quando colocada no contexto da frase, porém, ela amplia a sua capacidade de significar. É o abraço das palavras que gera o significado do texto. Ser pessoa é, antes de qualquer coisa, ser uma palavra, para depois ser frase.

Nisso consistem os dois pilares do conceito de *pessoa*. Possuir-se para disponibilizar-se. É a vida na prática, é a trama da existência e sua riqueza insondável. Encontros e despedidas. Passagens transitórias, chegadas definitivas. Vida se desdobrando em pequenas partes. Eu me encontrando, surpreendendo-me com facetas desconhecidas de minha personalidade, assumindo e incorporando todas as novidades no que já está assimilado. Eu misturando minha vida na vida do outro, encontrando-o, permitindo que nossos significados nos congreguem. Eu saindo da solidão de minha condição de posse de mim para alcançar a proeza de ser com o outro. Antes, a solidão do eu; depois, o estabelecimento do nós. Encontro de pessoas. Um *eu* que se encontra com um *tu* e que juntos estabelecem um *nós*.

Martin Buber, grande nome da filosofia personalista, nos propõe esta bela e fecunda verdade. No encontro entre um *eu* e um *tu*, uma terceira pessoa de existência própria se estabelece.[1] Nossos olhos não podem enxergá-la, mas a nossa sensibilidade nos aponta para ela. O *nós* é o que resulta do encontro entre o *eu* e o *tu*. Talvez seja por isso que os outros nos despertem simpatias e antipatias. Gostamos mais de estar com uns que com outros justamente por causa disso. O que nos atrai no outro é a terceira pessoa que conseguimos fazer nascer quando estamos com ele.

Esse processo de agregação possibilita ao ser humano o crescimento de seu horizonte de sentido. Tornamo-nos mais ricos com a presença dos que nos agregam. Relações saudáveis são relações que nos devolvem a nós mesmos – e, o melhor, devolvem-nos melhorados. O outro, ao passar pela nossa vida, encontra-se com nossa subjetividade. Ao estabelecer conosco uma relação, ele está nos permitindo adentrar o seu território subjetivo. Respeitadas as subjetividades, isto é, não deixando de ser quem são, o encontro humano integra as partes, entrelaçando-as sem que se confundam.

O amor talvez seja isso. Encontro de partes que se complementam, porque se respeitam. E, no ato de se respeitarem, ampliam o mundo um do outro. O recém-chegado não reduz o mundo de quem se deixou encontrar. Porque o amor não empobrece. O amor, mesmo quando divide, só multiplica.

---

[1] É importante salientar que, embora a reflexão de Buber seja importante para o nosso contexto, ela ainda não alcança o significado a que necessitamos chegar. Buber não se ocupa com a "subsistência". Seu empenho está em relatar o segundo aspecto do conceito de pessoa. Sua reflexão está situada no encontro e não nas fontes particulares que geram o encontro. Este avanço quem o faz é Zubiri, que salienta a necessidade de pensar a relação humana a partir do momento da subsistência, para depois chegar aos encontros e atos dela surgidos.

As caricaturas do amor são prejudiciais porque fazem absolutamente o contrário. Diminuem o horizonte, restringem, aprisionam, sequestram. Em nome do amor, cometemos atrocidades. Amarramos os outros em nós, porque nos equivocamos na compreensão do que consideramos ser amor. Amar não é fazer do outro nossa propriedade. Tampouco esperar que ele me ofereça o que só eu posso me oferecer. Ninguém é tão completo que seja capaz de preencher totalmente as necessidades do outro. É absurdo pensar que nós possuímos todos os elementos de que o outro precisa para o seu crescimento. Não, a nossa vida afetiva é resultado de muitas mãos. Eu não tenho condições de suprir todas as necessidades do outro, nem posso esperar o mesmo de alguém. Há modalidades de amor. Nem todas eu posso exercer. O namorado que chega não tem amor paterno para oferecer. E por isso não terá o direito de afastar a menina de seu pai. Ele não tem amor de mãe, de irmão. Ele é portador de um amor novo que chegou, e por isso encantou, mas não é o amor único. Ele é recém-chegado, o amor de que ela dispõe na família é muito importante para que continue seu processo de elaboração como pessoa.

É nesse momento que necessitamos de muita sabedoria para não nos prejudicarmos com nossos amores. O risco do sequestro está na pretensão do novo que chegou. Ele não pode desconsiderar o mundo particular e subjetivo construído antes de sua chegada. Sua presença deverá enriquecer, e não o contrário. Vivendo a condição de novo que acaba de chegar, seu papel será, num primeiro momento, observar. Amar é antes de tudo conhecer. É investigação da história, dos sentimentos, dos desejos, dos medos e anseios. Só quem ama tem disposição de ir além da superfície. No aprimoramento da visão que temos do outro, seremos capazes de identificar o quanto amamos, ou não. Quem ama quer conhecer. O objetivo é simples: acrescentar, multiplicar em vez de subtrair.

Não é tão simples saber se o outro nos ama ou não, mas há uma pergunta que podemos nos fazer e que contribuiria para que nos aproximássemos de uma resposta. Depois que ele chegou, a nossa vida, nosso mundo, diminuiu ou se dilatou? Sempre que alguém chega à nossa vida, nunca vem sozinho. Ele traz o seu horizonte de sentido. Pessoas, coisas, valores, ideias. Traz o alicerce que o faz ser o que é. Ficamos melhores depois que ele chegou? Sua presença em nossa vida desperta segurança ou insegurança? Ele nos promove na busca de nossa liberdade interior ou nos desestimula?

O exemplo é simples e nos ajuda a entender. É impossível comprar uma casa considerando somente fachada, paredes e acabamentos. Não é possível transplantar uma casa. Se quiser a casa, terá de ver o local em que ela está construída. É preciso que estejamos atentos quanto à sua localização. É preciso analisar onde ela está alicerçada. Para qualquer mudança que queiramos fazer, teremos de considerar a sua estrutura fundamental.

Casas e apartamentos são construídos a partir de alicerces, paredes e vigas de concreto. As paredes podem até sofrer alterações, mas as vigas de concreto terão de ser respeitadas. Retirar vigas sem construir outras é prejudicar a sustentação da construção. Dificilmente a estrutura poderá sofrer mudanças.

O processo de formação da pessoa humana é semelhante às construções. Desde nossa vinda ao mundo, recebemos um formato, uma estrutura. As pessoas que foram responsáveis pelos sentimentos que nos atingiram nas primeiras fases da vida tiveram enorme importância na construção de nossa identidade. Nossas vigas de sustentação, nossos alicerces e paredes foram construídas por elas. Amar alguém consiste em observar onde estão as vigas de sustentação, para que não corramos o risco de derrubar o que a faz permanecer em pé. O interessante é que a construção poderá ser reformada, melhorada, sobretudo nos acabamentos. O amor é criativo, dribla os limites, supera expectativas. Mas nem tudo poderá ser mudado, pois muito faz parte da base estrutural.

Pessoas são como casas. Possuem históricos que necessitam ser respeitados. Não acreditamos que alguém se interesse por uma propriedade para torná-la pior. Se alguém precisa comprar uma casa, já o fará pensando nas melhorias que poderiam ser feitas, e não em mudanças que poderiam depreciá-la.

Se nossas relações com as coisas são assim, cheias de cuidados, muito mais deveriam ser com as pessoas. Nossos encontros, ainda que rápidos e transitórios, deveriam ser motivados pelo desejo de fazer crescer, melhorar, avançar aqueles que encontramos, e a nós mesmos.

É assim que podemos intensificar o nosso processo de *ser pessoa*. À medida que motivamos e somos motivados para o autoconhecimento, tornamo-nos proprietários do que somos e colocamo-nos à disposição dos outros. É muito interessante perceber que onde existe uma pessoa de verdade, isto é, no sentido exato do termo, ali outras pessoas também estão sendo motivadas a viver o mesmo. A razão é muito simples. O processo de tornar-se pessoa é contagiante. Quando encontramos alguém que verdadeiramente está desbravando seu universo de possibilidades e limites, de alguma forma nos sentimos motivados a fazer o mesmo.

Pedido

Ajude-me a chegar ao que sou
fazendo o mesmo, buscando-se também.
Ajude-me a ver o que só você viu,
para que eu seja capaz de amar
o que só você amou.

O equilíbrio dos pilares

Como vimos, a problemática do sequestro da subjetividade está diretamente ligada ao processo de ser pessoa. A razão é simples. Se uma pessoa está trancafiada em uma relação de sequestro, privada de ser ela mesma, é natural que ela deixe de dispor de si e consequentemente deixe de dispor-se aos outros.

O sequestro da subjetividade impõe marcas nas duas perspectivas: indispõe a pessoa para si mesma e também para o outro. Dessa forma, temos duas realidades que podem ser assim compreendidas: ou vivemos só para nós ou vivemos só para os outros. Nos dois casos há um grande erro sendo cometido.

Viver a dinâmica que o conceito de pessoa nos sugere é trabalhoso. Se nos fecharmos na disposição do que somos, e se não dermos o passo na direção do outro, cairemos numa espécie de solipsismo,[1] ou então numa negação da subjetividade concreta.

O eu, na solidão, sem interação, não poderá crescer. O outro tem o poder de indicar nossas possibilidades e limites. O que dispõe de si mesmo carece de entrar na disponibilidade das relações. Elas o aperfeiçoarão. Por outro lado, a conjugação deste *nós*, sem que antes tenha ocorrido a disposição do *eu*, caracteriza-se como forma de comunitarismo infértil. A qualidade da vida social está diretamente relacionada à qualidade das pessoas e suas articulações particulares.

Antes da disponibilidade para o outro, é indispensável a disposição de si, porque só assim haverá liberdade e respeito ao que o outro é. Só quem é dono de si pode oferecer-se aos outros sem os riscos de neles perder.

O desafio consiste em equilibrar os dois pilares. Não há pessoa sem a solidão do eu, tampouco há pessoa sem a interação

---

[1] Solipsismo: vida na solidão.

plural. As duas realidades se complementam. A qualidade humana das relações depende das dosagens que fazemos desses dois pilares. As medidas do meu ser precisam ser balanceadas com as medidas daqueles que são e estão ao meu lado. Um ser humano bem equilibrado e socialmente saudável consegue identificar essas medidas, e empenha-se para que uma realidade não estrangule a outra. Quando essa conduta não é assumida, o que temos é uma relação que pode terminar em sequestro da subjetividade.

Relações que sequestram são aquelas em que um *eu* tenta sufocar outro *tu*, reduzindo-o a mero instrumento de sua afirmação. O outro não é considerado em sua alteridade, mas é visto como extensão das necessidades de quem o enxerga.

A esse processo, Martin Buber chamou de "relações objetais". O outro é visto como um *isso* e não como um *tu*. Não há reconhecimento da sacralidade do outro. Feito um objeto, o outro perde o direito de ser ele mesmo, desprende-se de sua identidade, de sua condição real, e passa a ser *coisa* na mão de quem o desconsidera.

Alguém, quando é colocado na condição de *algo*, vive a negação de sua dignidade; desumaniza-se, porque deixa de ser considerado como pessoa, e passa a viver a condição de objeto. Deixa de ser *organismo* para se transformar em *mecanismo*. Nos sequestros do corpo, esse processo é evidente. O sequestrado não tem valor como pessoa. É uma coisa a ser negociada. É um bem útil que será avaliado e possivelmente trocado. É um mero mecanismo para se chegar a um objetivo. Um mecanismo que satisfará a necessidade que o sequestrador tem de alcançar um resultado.

No sequestro da subjetividade, o mesmo acontece. O sequestrador passa a ser o proprietário. Ele definirá o ritmo da relação, e o sequestrado, vivendo a condição de vítima, será incapaz de reagir de forma contrária aos desejos de seu proprietário. O rapaz e sua dependência química, a menina e seu relacionamento abusivo são exemplos dessa incapacidade de romper com o sequestrador.

O sequestrado, por estar impossibilitado de decidir por si mesmo, rende-se a essa relação. O medo de ser deixado, abandonado, pois padece de uma dependência química desencadeada pelo relacionamento, o encoraja a sofrer todos os malefícios. Nesse caso, vale aquela máxima popular: "Ruim com ele, pior sem ele!"

É lamentável, mas esse discurso tão cheio de conformismo é muito mais comum entre nós do que supomos. Ele evidencia o quanto as pessoas estão indispostas para um rompimento com as relações de sequestro, justamente porque a quebra do cativeiro gerará um sofrimento nos sequestrados. Após os rompimentos, a pessoa terá diante de si um longo processo de desintoxicação físico e emocional. A dureza do processo dependerá de muitos fatores: o tempo que durou o aprisionamento e a disposição ao enfrentamento das fases do processo são alguns deles. No caso dos dependentes químicos, o sofrimento da abstinência será o principal desafio e, nos dependentes afetivos, o sofrimento provocado pelo vazio que se estabelece a partir da ruptura.

Por isso a dificuldade em tomar iniciativas. O cativeiro, por pior que seja, acabou por se tornar um lugar seguro. O sequestrado fica esquecido da vida livre; já não sabe como é viver fora das prisões. Esqueceu da condição real que Deus lhe imprimiu na alma e vive como se fosse escravo. O tempo no cativeiro o fez acostumar-se com a escravidão.

Quem sobrevive aos maus-tratos facilmente esquece o valor da dignidade que leva em si; inclui-se no contexto da multidão como se fosse apenas mais um. É a cultura do acostumar-se aos maus-tratos que tem anestesiado tanto as pessoas para as transformações necessárias. A mediocridade existencial tem sido a opção mais fácil. Esse é o resultado psicológico de tal modalidade de sequestro. O que temos é uma vítima acostumada com a violência que sofre. A vítima torna-se a principal responsável pela condição mantida. É a violência assumindo o seu caráter destruidor e definitivo. Violência sutil, que não tem as mesmas características do ato violento declarado.

Façamos essa distinção.

Violências declaradas e violências veladas

Ato violento é tudo o que atenta contra a pessoa e lhe causa danos. O contexto da violência é bastante amplo. Ela pode se manifestar de formas muito diversas, de maneira que podemos falar de violências declaradas e violências veladas.

Essas modalidades de violência, de alguma forma, são desdobramentos dos temas que estamos abordando: o sequestro do corpo e o sequestro da subjetividade.

Quando falamos de violência declarada, estamos lidando sobretudo com a violência explícita, sem máscaras, inegável. O corpo que sofre a violência é a prova concreta do desrespeito. Nele, há evidências de que houve uma invasão de território, um delito. O corpo sofre na carne as consequências da violência declarada. Constantemente experimentamos os medos dessa modalidade. Medo de assalto, sequestro, latrocínio, acidentes; tudo constitui um quadro que contemplamos diariamente nas paredes de nossa vida.

Por outro lado, as violências veladas são as invasões sutis que não podem ser vistas com facilidade. Trata-se de um processo silencioso com o poder de minar a subjetividade humana e privá-la de sua autonomia.

Um exemplo simples que sempre me ocorre é a história de uma senhora que encontrei casualmente no aeroporto. Seguimos juntos a viagem e, depois de algumas horas de conversa, ela me contou que sempre quis ser médica, mas o pai a proibira, porque desejava que ela fosse advogada. Tentou de tudo para convencer o pai de sua aptidão para as ciências biológicas, mas nada fez com que ele mudasse de ideia.

Nascida num tempo em que filhos não costumavam se opor às determinações dos progenitores, desistiu de seu sonho. Estudou Direito, mas nunca conseguiu trabalhar na área. Casou-se, limitou-se às atividades domésticas e acabou não realizando o seu sonho. Era visível em seus olhos o prejuízo existencial que ela havia sofrido. Era fácil identificar em sua fala o quanto fora violentada ao ser impedida de estudar o que realmente desejava.

Essa história retrata uma forma de violência terrível. Alguém se levanta contra o sonho que não é seu e determina o destino do outro como se estivesse determinando o próprio. Foi uma violência, uma crueldade que marcou definitivamente a vida daquela mulher. Ao submeter-se à imposição de seu progenitor, ela desertificou o território de seus sonhos. Nunca mais experimentou a inteireza do ser, pois lhe foi negado o direito de desenvolver suas aptidões.

Violências semelhantes podem acontecer no seio da vida conjugal. São violências domésticas, posturas arbitrárias que marcam as relações no casamento, quando há a prevalência de uma das partes por meio da força psicológica que coage e medra. Nesse caso, os violentados não exibem marcas no corpo que denunciem a violência sofrida, porque não há agressão física. O que se agride é mais profundo, vai além do que nossos olhos podem ver.

Há quem exerça o domínio sobre os outros sem ao menos aumentar a voz. A autoridade, nesse caso, não passa pelos códigos que identificamos como agressividade. O que há é um processo de rendição por meio do medo e da coação. A violência velada deixa marcas no caráter, inibe o florescimento e o desenvolvimento da personalidade.

As relações humanas estão sempre vulneráveis aos riscos dos atos violentos velados. Podemos identificar muitas delas, mas, neste momento, queremos observar uma relação profundamente problemática nos dias de hoje: pais e filhos.

Uma das consequências da grande crise de valores vivida pela sociedade contemporânea é justamente a indefinição dos papéis familiares. Se no passado existia o risco da autoridade exacerbada, como no caso do pai que não permitiu que a filha seguisse sua vocação profissional, hoje vivemos o risco da ausência de referencial de autoridade.

Pais e mães que não sabem como dosar a liberdade de deixar que os filhos cresçam. Pais e mães que não sabem realizar a intervenção necessária para ajudar a nortear o crescimento. É a crise dos papéis. Filho já não sabe ser filho, na mesma medida em que progenitores não sabem exercer suas funções junto aos que estão sob sua autoridade.

Quando um progenitor permite que o filho, que ainda não está apto às decisões importantes, faça o que bem entender de sua vida, uma violência terrível é cometida. Se por um lado a proibição arbitrária se configura como violência que impede o crescimento da pessoa, por outro, a permissão deliberada e sem critérios torna-se fonte da mesma privação.

Cada vez que uma criança ou um adolescente é exposto ao direito de decidir o que ele ainda não está preparado para decidir, um ato de violência é cometido. A autoridade é um direito. Sim, uma criança cujos responsáveis abrem mão de nortear sua educação a partir de permissões e negações está privada da autoridade construtiva. Ao ser privada de ter alguém que lhe diga não no momento certo, o não que a protegerá de sofrimentos futuros, a criança está sendo violentada.

O exercício da autoridade consiste em zelar pela criança. A tutela responsável considera que menores não podem ser expostos a situações para as quais não estão prontos. Portanto, é violência permitir que assuntos que não são próprios do universo infantil sejam tratados na presença de crianças. É violência cada vez que uma criança é vestida como se fosse um adulto, e dela é solicitado um comportamento que não condiz com sua idade. É violência tratar uma criança ou adolescente de igual para igual, desconsiderando as fragilidades que ainda pulsam em suas consciências.

Expor uma criança à necessidade de ser adulto ou exigir dela a compreensão de um universo diferente do seu é o mesmo que a expor à orfandade. O resultado dessa violência é profundamente comprometedor na vida daquele que a experimenta. Crianças sem limites podem se tornar adultos imaturos, violentos, egoístas. Violências veladas e violências declaradas. Violentados legitimando o poder daqueles que os violentam. Ambos privados da relação que tem o poder de promover a dignidade e o aperfeiçoamento do ser humano.

Três histórias para ajudar a entender:

O grande agressor

Ela me olhou cheia de receios. Os olhos estavam muito inchados. A pele escurecida por hematomas era a denúncia que não carecia de palavras. A violência havia passado por ali.

A boca com um corte no canto esquerdo dificultava sua fala. Voz mansa, embargada por rompantes de choro doído. Choro de quem não sabe pedir ajuda, de quem sabe ter sido humilhada, espoliada em sua dignidade.

Ela era uma mulher bem-sucedida, emancipada, bancária, mãe de três filhos que já cursavam faculdade na capital, dividia o lar com seu marido, um empresário que não se especializou na arte de amar.

Ele entrou na sua vida quando ela ainda era uma adolescente. O casamento aconteceu dois anos depois de iniciado o namoro. Ela não teve muita escolha. Vida no interior é assim. O casamento parece ser obrigação a ser cumprida, ainda que não exista amor.

Os atos de violência começaram alguns meses depois de casados. Primeiramente os gritos que não existiram durante o namoro, depois pequenos empurrões, até chegar ao absurdo de surras que a deixavam marcada por todo o corpo.

No dia em que me pediu ajuda, ela já acumulava 52 anos, dos quais 34 vividos ao lado do seu agressor.

Reconheceu que não sabia mais o que fazer, mas já se dera conta de que tinha de fazer alguma coisa. As agressões não estavam apenas na sua pele. Estavam em toda a sua alma. Cicatrizes no corpo nos recordam o sofrimento do corpo, mas há outras cicatrizes mais profundas que não conseguimos enxergar com facilidade. Aquela mulher chorava por razões novas e antigas. A primeira surra, já distante no tempo, quase 34 anos atrás, ainda doía em algum lugar da alma.

Perguntei a razão de sofrer calada até aquele dia, e ela me confessou que tinha medo de que, ao contar para alguém, pudesse perder o marido. Os filhos não sabiam das agressões.

Tudo foi muito velado ao longo da vida, e aquele último episódio veio a público porque um vizinho escutou os objetos sendo quebrados durante a agressão e entrou na casa.

Ela não conseguia olhar nos meus olhos enquanto me dizia tudo isso. Preferia fixar a atenção no movimento das mãos que seguravam um pequeno pedaço de barbante. Enquanto contava os fatos, aquele pequeno barbante era enrolado e desenrolado nos dedos, como se tal movimento representasse o movimento da sua vida.

Eu ouvia sem saber o que dizer. Estava indignado. Indignação costuma cortar a fluência das palavras. Ousei perguntar se ela queria separar-se dele, e prontamente ela me disse que, se isso acontecesse, ela não saberia o que fazer da própria vida. E o barbante continuou sendo enrolado nos dedos...

Não pude fazer muita coisa. Ela não quis denunciá-lo à polícia. Embora eu soubesse que esta seria a atitude correta, tive de respeitá-la. Perguntei o que ela queria de mim. Olhando-me com serenidade, disse-me que só queria desabafar; apesar de eu ter idade para ser seu filho, ela sentira um desejo de que eu a tratasse como filha. E eu o fiz. Eu a abracei e lhe garanti que a apoiaria qualquer que fosse sua decisão.

Agradeceu-me e fui embora.

Aquela senhora não sabia viver longe de seu agressor. Ela se adaptou a navegar no caótico oceano do amor de domínio, do amor de naufrágio. O tempo prolongado no cativeiro, quase uma vida inteira, retirou-lhe a coragem de falar dela mesma. Aprendeu a engolir o choro, a não reclamar dos maus-tratos, a colocar disfarces sobre as agressões físicas. Mentia constantemente. O olho roxo foi uma batida na porta do banheiro, o dedo quebrado foi uma queda na cozinha. Subjugou seu coração ao domínio de um homem frio e insensível que se proclamou proprietário de sua existência. Ela permitiu.

A surra que deformara seu rosto naquele dia teve início há muitos anos. Começou leve. Antes de ser tapa, foi grito. Permitido o grito, vieram os empurrões. Dos empurrões aos golpes violentos foi um salto curto. Quase tudo começa pequeno nessa vida; e só cresce se o permitimos, ou se já estivermos emocionalmente frágeis.

Aquela mulher, sem perceber que o fazia, autorizou o invasor. Abriu o portão para que ele viesse pisar o seu jardim. E, depois de tanto tempo, descobriu que não possuía voz nem coragem para proclamar a ordem de despejo.

Pequenas permissões abrem espaços para grandes invasões. Grandes tragédias começam com pequenos descuidos. Desastres terríveis são iniciados com displicências miúdas. São as regras da vida. Se quisermos o fruto, é preciso que haja empenho no cultivo do broto.

O agressor não foi repreendido. Ele cresceu e alcançou força porque a fragilidade da vítima o nutriu. Os inimigos só podem sobreviver à medida que injetamos sangue em suas veias. O sangue de nossa permissão. Sabemos que com o tempo deixa de ser permissão, pois já não há escolha, liberdade. Mas no início do relacionamento, quando as agressões começaram, havia uma janela de oportunidade para a ação que poderia reverter a história. O mesmo acontece com os vícios químicos. A melhor forma de evitar a dependência é renunciando quando ainda somos livres diante da substância.

A vida nos jardins nos ensina uma sabedoria milenar. Plantas precisam de podas para que não ultrapassem os limites estabelecidos. Quando não há poda, a árvore avança o território que não poderia avançar. Árvores crescem sem disciplina. A tesoura de poda é que dará o rumo que ela poderá seguir. A regra vale para nossos relacionamentos. Tudo em nós precisa ser educado. E quem nos educa são as correções das pessoas que nos amam e nos ajudam a perceber nossos excessos. Uma criança, por exemplo, que ainda não passou pelo desenvolvimento do juízo moral, que ainda desconhece as regras que tornam viável a vida em comunidade, precisa ter alguém que a ela estabeleça limites. Caso não exista, é bem provável que ela cresça com muita dificuldade de exercer liderança sobre si, passando a orbitar numa atmosfera de permissividade e laxismo moral, incapacitada de estabelecer vínculos emocionais saudáveis e duradouros.

A agressora de porcelana

Há agressões que levamos tempo para perceber. Conforme já dissemos anteriormente, o ser humano é capaz de colocar disfarce sobre suas intenções distorcidas, fazendo parecer ser bom o mau que ele nos oferece. Muitas vezes, numa tentativa de não perder o conforto existencial que julga ser ideal, ele é capaz de construir cativeiros por meio de chantagens, vitimismo, mentiras e dissimulações. Consciente ou inconsciente do desejo de manter sob controle pessoas e situações, ele se posiciona como uma peça frágil que não pode ser retirada do lugar emocional que ele escolheu para orbitar e viver. Porque conhece bem o poder das lágrimas, do drama, da chantagem, consegue estabelecer domínio por meio da fragilidade alheia.

Foi justamente o que aconteceu entre Jussara e Flávio. Quem me procurou foi ele. Estava muito abatido e sem saber como proceder. Eles namoraram durante dois anos. Mas logo no início, Flávio já estava certo de que não queria levar o relacionamento adiante. Na primeira vez que terminou, Jussara ameaçou se matar. Tomou remédios para dormir e foi parar no hospital. A família dela o pressionou, atribuindo a ele responsabilidade do acontecimento. Pediram que ele reatasse o namoro até que ela ficasse estável emocionalmente. Mas ela nunca ficou. Ou melhor, ela nunca dispôs de estabilidade emocional. Inclusive foi um dos muitos fatores que o fez perceber que não queria continuar com ela.

Jussara cresceu sendo mimada pelo pai e pela mãe. Era a filha única de uma família abastada. Cresceu acostumada a ter todas as suas vontades imediatamente atendidas. Flávio teve uma vida diferente. Pai comerciante, mãe do lar, com muita dificuldade se formou em Educação Física. Foi o trabalho que o aproximou de Jussara. Ela o contratou para fazer um acompanhamento personalizado, pois queria perder peso. Em pouco tempo, ela já começou as investidas. E deram certo. Muito educado, gentil, Flávio começou a aceitar os seus convites para sair, jantar, passar um feriado com a família dela. O namoro começou três meses depois do primeiro contato entre eles. Tão logo o relacionamento teve início, Jussara começou a exigir uma presença maior de Flávio em seu dia a dia. Mas ele precisava trabalhar. Não dispunha dos mesmos benefícios que ela. Foi então que ela começou a fazer o jogo. Um dia estava com febre, noutro queria sua companhia para fazer um exame, ou então dizia que tinha amanhecido triste demais e não parava de chorar. Tudo corroborado pela mãe. Jussara ligava, a mãe também. Flávio começou a ceder. Não sempre, mas cedia toda vez que achava razoável acompanhar a namorada.

De repente, a moça que antes de começar o namoro estava sempre disposta aos treinos, passeios, demonstrando muita saúde, começou a reclamar de muitos sintomas. E Flávio percebeu que eram meticulosamente calculados. Ele fazia parte de uma equipe de crossfit que tinha treinos regulares e, de vez em quando, saía para competições em cidades vizinhas. Jussara começou a apresentar "emergências", sobretudo nos horários em que sabia que ele teria algum compromisso com a equipe. Num fim de semana com uma competição importante, ela o acordou de madrugada alegando que estava com uma crise renal. Ela mesma fez o diagnóstico. Ele foi com ela e os pais para a emergência, passaram o dia todo no hospital e nada identificaram. Ele não foi ao campeonato com a equipe.

Cansado de ficar refém das chantagens, Flávio terminou o namoro. Foi à sua casa como sempre ia, pediu para conversar e disse que não queria mais continuar com ela. Ela chorou, gritou, disse que não saberia viver sem ele. Mas ele não cedeu. Foi embora enquanto ela chorava no jardim, tentando impedir sua saída. Um tempo depois de ter chegado a sua casa, recebeu uma ligação da mãe de Jussara dizendo que a filha tinha tentado suicídio. Viveram a mesma história do dia da crise renal. Noite inteira no hospital fazendo exames, tomando soro. Os médicos não encontraram nada de grave. Jussara tinha ingerido alguns comprimidos para dormir e só. Uma quantia que não causaria nenhum dano a ela.

A pressão foi tanta que Flávio aceitou reatar o namoro, mas com a condição de que a família procuraria ajuda médica para ela. Esse retorno se estendeu durante um ano e seis meses. Jussara ia regularmente ao psicólogo e ao psiquiatra, mas Flávio tinha certeza de que ela não fazia o tratamento. Estava usando os profissionais como escudo de proteção. Assumiu um aspecto ainda mais frágil, sobretudo quando estava com Flávio. Mesmo sabendo que ela o enganava, mentindo sobre seu estado de saúde, ele temia as consequências de um novo rompimento. Toda vez que ele dizia que não dava mais, que estava muito pesado ficar num relacionamento por obrigação, ela se revestia de fragilidade e dizia: "Se você terminar comigo, eu me mato."

E se ela realmente fizesse o que prometia? Este era o conflito de Flávio. E foi com esse fardo emocional que ele chegou a mim. Ele era professor na academia que eu frequentava. Já nos conhecíamos superficialmente. Ele me pediu ajuda. Queria saber como sair daquela prisão.

Veja bem, a história de Flávio e Jussara também se configura como um sequestro da subjetividade. Há um cativeiro emocional entre eles. Mas o relacionamento doentio não comporta agressões físicas nem verbais. Pelo contrário. A arma que Jussara utiliza para manter Flávio como refém é a fragilidade. Mas ela também é refém de si mesma. Privou-se de amadurecer com as perdas que são inerentes à vida. Por mais que ela o amasse e quisesse a sua presença em sua vida, ele não queria ficar. Já havia dito que não estava feliz no relacionamento. A postura madura seria dizer: "Tudo bem, vou sofrer muito, mas vou sobreviver."

A vida comporta perdas e ganhos. Na urdidura da existência os fios do desamparo, do desconsolo, também estão presentes. Saber perder é importante para o processo do amadurecimento humano, para a dinâmica que nos torna pessoas. Jussara cresceu sem que nada lhe fosse negado. Quando viu Flávio, um moço bonito, educado, gentil, inteligente, pensou que ele pudesse ser comprado como se compra uma bolsa, um sapato, um relógio. Não, pessoas não podem ser negociadas. É por meio da conquista que podemos ter ao nosso lado as pessoas que desejamos. Mas ela não o conquistou. O que aconteceu foi justamente o contrário. Em pouco tempo de relacionamento, Flávio começou a ter um sentimento de repulsa pelo controle que ela estabeleceu sobre ele. Consciência não lhe faltava. Ele estava suficientemente esclarecido de que ela o controlava com os recursos da fragilidade. Instrumentalizava doenças, tristezas, o aspecto frágil para que as coisas acontecessem exatamente como ela queria. Mas ele não conseguia romper. Por quê? Porque a agressora estava instalada em sua mente, mantendo-o por meio de um mecanismo extremamente eficiente nas relações de sequestro: a culpa. Toda vez que ela manifestava os sintomas das doenças que dizia ter, o sentimento que lhe ocorria era de compaixão. Por mais que ele rejeitasse aquele comportamento dela, ele não conseguia se desvencilhar do temor de que ela se matasse. Apesar de saber que as doenças que ela dizia ter não existiam, apesar de estar cônscio que ela o mantinha dentro de um círculo vicioso, gerando nele culpa e responsabilidade pela sua debilidade emocional, Flávio sabia que uma enfermidade psíquica realmente existia: a dependência emocional dela por ele. Soava-lhe apavorante a possibilidade de que ela viesse a retirar a própria vida, caso ele se afastasse novamente.

Uma violência diferente. Um cativeiro mantido pela força da fragilidade, pela chantagem emocional.

O pequeno agressor

Uma outra história, uma outra mulher. Nessa mulher não existiam marcas de violência. O que havia era uma expressão de cansaço num rosto que parecia ter envelhecido antes do tempo. O rosto é o retrato da história vivida.

Nela, o sofrimento não nasceu de agressões de um marido que não soube amar, mas de um filho que, aos 9 anos de idade, assumiu o comando da casa. Um filho sem limites, agressivo e totalmente arredio a qualquer regra.

Contou-me que o casamento havia terminado poucos meses antes. O marido, incapacitado de transformar a relação que ela estabelecera com o filho, resolveu ir embora definitivamente. Deixou de ser marido, mas também deixou de ser pai. Ela disse que não fez muito esforço para que o marido permanecesse. Alimentava a ilusão de que, com sua ausência, o filho pudesse se tornar mais dócil, mas isso não aconteceu. Contou-me também que o marido não teve muita influência na educação do menino. O trabalho o retirava rotineiramente da vida familiar, e, nas poucas vezes em que tentava alguma forma de repressão, a mãe o desautorizava severamente.

Envergonhada, confessou-me que, por duas vezes, o menino a agredira fisicamente. Na primeira ocasião, a reação agressiva foi pelo simples fato de ela ter passado pela sala e sem perceber ter levado com o pé o cabo do videogame. Arremessou-lhe uma tesoura e a machucou na perna.

A segunda agressão resultou de uma pergunta corriqueira, coisa de quem ama: a mãe apenas perguntara se o filho já havia tomado café.

A envelhecida mulher salientou um detalhe interessante. Confessou-me que mais doído que receber uma agressão física do próprio filho foi ouvi-lo gritar o desejo de matá-la.

Depois disso, ela percebeu que precisava de ajuda. Recorreu a uma psicóloga, mas o menino se recusou a entrar no espaço terapêutico. A psicóloga a alertara para a necessidade de retomar a autoridade sobre a criança, mas ela não soube nem tentar.

A vida não estava fácil. Permanecia refém do seu amor. Reconheceu que errou por amar de um jeito errado. Não, ela não queria errar. Queria apenas livrar o seu menino da infância triste que ela vivera ao lado de um pai agressor. No ímpeto de fazer-lhe bem, acabou por alimentar no filho uma personalidade sem controle e monstruosa.

Admitiu temê-lo. Reconheceu que escolhe as palavras para falar com ele, porque teme sua reação. A relação está invertida. O filho assumiu o controle da mãe. Ele tem acesso ao seu medo, sabe que é soberano porque decifra constantemente a fragilidade da mulher que não quer errar.

Não querer errar é uma fragilidade terrível, pois o medo do erro nos neutraliza as forças e não nos permite ir além de nosso pequeno mundo. Quem conduziu a educação daquele menino foi o medo materno de não o ferir. A mulher incorreu no erro de acreditar que dizer não é sinônimo de desamar. Movida pelo sincero desejo de dar ao filho um lar feliz, acolhedor, esqueceu que o ser humano necessita ser regrado para se desenvolver de forma saudável e madura.

O resultado do medo era um filho absolutamente sem controle. O pequeno homem de apenas 9 anos de idade é o seu agressor. No relato daquela mulher, pude identificar o sofrimento que nasce da boa intenção. Mas boas intenções não salvam o mundo. É preciso algo mais. É preciso a constante vigilância do discernimento que nos assegura se nossas intenções estão de fato alcançando o melhor resultado. Amores cegos podem nos conduzir ao caos.

A dura experiência de uma mulher que aos 37 anos de idade é refém de seu filho de 9 é a prova concreta dessa afirmação. Os dois estavam marcados por limitações fecundas: o menino, privado de ser educado de maneira correta, e a mãe, privada de sua autoridade e de sua própria liberdade. O amor não pode ser cego. Caso contrário, ele nos coloca no cativeiro, gera privações.

Na tentativa de livrar seu filho do sofrimento que um dia havia experimentado, ela o privou da disciplina que gera caráter. Filho que não é criado a partir de limites estabelecidos é filho sem pai e sem mãe. O limite é a expressão concreta do amor dos progenitores e responsáveis pela educação da criança. Eles delimitam o território para que o filho cresça sem ser tão vitimado pelos males que são próprios dos dias de hoje.

Ouvi o desabafo daquela mulher e confesso que não soube muito o que dizer. Reverter um quadro como esse requer muita sabedoria. Mesmo sabendo da recusa do filho, sugeri que ela tentasse novamente uma ajuda terapêutica para os dois.

A necessidade de ambos diz respeito à posse de suas identidades. Eles não sabem o que são na relação que estabeleceram. A mãe precisa saber que é mãe, e o filho, que é filho. Como vimos anteriormente, a identidade assumida nos posiciona a partir do que podemos, mas também do que não podemos. Que mudem as mentalidades, que evolua o mundo, mas não podemos negar que uma coisa jamais poderá ser mudada: pais e mães não podem abdicar da responsabilidade de educar os seus filhos, e educação é o processo amoroso de permitir, mas também estabelecer limites. Se isso não acontece, então temos alguma subjetividade sequestrada, isto é, uma pessoa ausente de si mesma, distante do papel que deveria exercer na relação.

Duas histórias de agressões originadas de fontes tão distintas. Um marido agressivo e um filho sem limites, mas ao mesmo tempo comportamentos semelhantes. Vítimas que construíram seus agressores, aos poucos, bem aos poucos. No caso do adulto, o agressor já estava pronto. É bem provável que todos os impulsos da agressividade já estivessem sem controle naquele homem. A esposa, ao não se opor no momento que poderia, deu a ele o espaço para que exercesse suas arbitrariedades. No caso da criança, ela foi feita, construída aos poucos. Ainda que possamos falar numa tendência genética à agressividade, não podemos negar que a permissividade da mãe favoreceu a manifestação da dimensão sombria da personalidade do menino. Sabemos o quanto a ambiência emocional/afetiva pode favorecer ou desfavorecer o desenvolvimento de nossas tendências genéticas.

As duas histórias nos levam a entender que a seriedade da violência não depende do tamanho de quem agride. Uma criança tem o mesmo poder que um adulto, desde que a ela seja dada a autoridade. O que legitima a violência é a autoridade que entregamos ao agressor.

O desafio constante das relações humanas é preservar a liberdade das pessoas. Quando a liberdade é negada, a relação passa a representar um sério risco, porque atenta diretamente contra a fonte que gera a disposição de si e a disponibilidade aos outros. O conceito de pessoa só pode ser aplicado onde há a experiência da liberdade interior.

Considerando que estamos usando constantemente o conceito de liberdade, cremos que seja interessante refletir um pouco mais sobre ele. A riqueza do conceito nos permite muitos outros desdobramentos conceituais. Vamos a ele.

Liberdade: do significado à realidade

A palavra liberdade nos é muito familiar. Falamos diariamente sobre ela. Estampada em muitas bandeiras revolucionárias, usada como slogan para campanhas importantes, ela está sempre sendo repetida por todos nós. Mas ser muito falada não é garantia de que sua fecundidade esteja sendo alcançada. Liberdade é bem mais do que ter possibilidade de escolher entre uma coisa e outra. Quando falamos das situações corriqueiras que exigem nossas pequenas decisões, estamos falando de uma liberdade circunstancial. Mas, antes das circunstâncias, a essência.

Todo ser humano é capacitado para ser livre, pois é dotado de liberdade essencial, isto é, é dele, faz parte de sua constituição, do seu estatuto, dos elementos que o identificam como humano. Um animal, por exemplo, não é livre. Quem o comanda são os instintos. É claro que de vez em quando nos deparamos com comportamentos animais que muito nos recordam o exercício da liberdade, como quando uma cadela adota um bebê macaco e dele cuida como seu filho. Mas o que há por trás da adoção é uma tendência instintiva ao cuidado. Num outro exemplo, um animal que está faminto não consegue escolher não matar a sua presa. Mesmo que o pequeno cervo esteja frágil e indefeso, o leão não enfrentará nenhum conflito em transformá-lo em seu jantar. Diferentemente de um ser humano. Por mais faminto que esteja, ele terá de passar pelo conflito de matar um outro ser vivo para dele se alimentar. No leão, não há escolha. Quem o conduz e o determina é a necessidade de saciar sua fome. No ser humano, não. Mesmo quando há a prevalência da necessidade, ainda há o espaço reservado à escolha. É claro que podemos falar de níveis de liberdade. Cada pessoa vai **arregimentar** a liberdade de uma forma. Depende do quanto ela evoluiu na conquista da maturidade, na capacidade de vencer os condicionamentos que comprometem suas escolhas. O fato é que o ser humano é vocacionado a ser livre. No reino animal há a prevalência dos instintos. Liberdade plena, possibilidade de colocar freio nos instintos, só podemos encontrar na condição humana.

Mas como podemos compreender a liberdade como um dom inerente à nossa condição. Portá-lo já é garantia de que ele se manifestará? A resposta é não, pois tudo na vida humana é gradual. Precisamos educar nossas possibilidades. O desenvolvimento delas sempre se dará dentro de uma tensão existencial que chamamos de "já, mas ainda não". Ao ter uma criança nos braços, podemos afirmar: ela já é livre, mas ainda não. Parece um jogo de palavras, mas não é. Trata-se de uma perspectiva muito interessante que pode ser explicitada de maneira simples a partir de uma frase: nem tudo o que temos já é nosso, porque muito carece ser conhecido e conquistado.

É simples. Já parou para pensar nos inúmeros talentos e habilidades que você possui, mas que ainda não desenvolveu por falta de cultivo? É disso que estamos falando. Há talentos que só poderemos saber que possuímos se nos empenharmos para despertá-los. É processual, isto é, carece de tempo, disciplina, projeto. Mozart já nasceu com a música dentro de si. Mas foi preciso acordá-la. Seus professores não colocaram dentro dele a genialidade que marcou sua passagem pelo mundo. Ela já estava lá. O que Mozart fez foi fazer vir à luz, mediante cultivo e disciplina, a sua possibilidade.

A liberdade é semelhante a um talento. É um elemento constitutivo humano desencadeado à medida que o ser humano se esmera no processo de torná-lo real. A conquista da liberdade se dá no mesmo processo do *tornar-se pessoa*.

Ao *tomar posse de si mesma*, a pessoa torna-se livre para ser para o outro. Os movimentos se complementam, de maneira que serei mais pessoa à medida que for mais livre, e mais livre à medida que for mais pessoa. Chegar à condição de pessoa requer desenvolver e ver manifestar a liberdade que até então era uma possibilidade.

Já vimos como a interferência dos outros pode prejudicar nossa vivência dessas conquistas. De ser pessoa e da liberdade, pois o processo que nos oportuniza chegar à condição de pessoa livre é constantemente vivido em comunhão com outras pessoas.

Por isso, o desafio humano da liberdade consiste em, auxiliados pelos que compõem a trama de nossa existência, tomar posse do que se é, mas que ainda não foi totalmente alcançado. Somos pessoas e livres, mas ainda não, pois precisamos estar imersos no oceano do vir a ser.

Para entendermos melhor essa questão, vamos adentrar o frutuoso caminho da Filosofia, mas especificamente a metafísica aristotélica. Vamos fazer isso porque há duas categorias filosóficas, contidas na reflexão de Aristóteles, que muito podem contribuir para uma compreensão mais acertada do que pretendemos analisar.

No afã de explicar a realidade, de perscrutar o mais profundo de cada coisa, pois esta é a vocação da Filosofia, Aristóteles estabeleceu as categorias de *ato* e *potência*. Para ele, o movimento da vida sempre parte da potência ao ato, da possibilidade à realidade. Reparem que o filósofo sugere um deslocamento. Há uma possibilidade – potência – e há o que ela pode se tornar – ato. As categorias de potência e ato sugerem uma interação constante. O ato é também potência porque está na circularidade do movimento. É uma forma interessante de ver o mundo. Tudo o que nos cerca está se tornando o que pode ser. E são inúmeras as possibilidades que se movimentam para ser.

Para entendermos melhor a proposta de Aristóteles, podemos dizer assim. É *ato* tudo aquilo que já é. É *potência* tudo aquilo que o ato ainda pode ser. Difícil? Creio que não. Mas é possível exemplificar e descomplexificar ainda mais. Imagine-se dentro de uma floresta. Ao seu redor há uma infinidade de árvores. De todos os tipos e tamanhos. Pois bem, cada uma delas é um ato em potência de se tornar inúmeras cadeiras. Ou mesas, ou portas, ou armários. As possibilidades de uma árvore são inúmeras, afinal, uma árvore é matéria-prima que poderá ser transformada naquilo que o marceneiro determinar. A árvore é ato, mas é cadeira em potência, da mesma forma como pode ser também uma mesa. Ou então pode permanecer sendo árvore até o fim de seu ciclo de vida.

Como podem ver, a Filosofia é um olhar que pretende quebrar a casca das coisas, adentrando para conhecer de forma filosófica aquela coisa. A etimologia do termo é muito significativa. *Philos*: amor. *Sophia*: sabedoria. Amor à sabedoria. O filósofo tem amor pelo conhecimento. É seu deleite perscrutar e investigar as realidades que nos envolvem e nos dizem respeito.

As categorias de ato e potência conferem uma dinâmica para a vida. Agora, neste momento, estão em você as suas possibilidades de ser. Elas são suas e poderão ser desenvolvidas ou não.

Vamos dar mais um passo na metafísica aristotélica. Além das categorias de ato e potência, Aristóteles estabeleceu duas outras que também são fundamentais para nossa reflexão. São as categorias de *essência* e *acidente*. Cremos que "essência" já seja um conceito que lhe soe bem familiar. Costuma fazer parte de nossas reflexões cotidianas apontar para a essência das coisas. Mas e o termo "acidente"? Sem medo de errar, para a maioria de nós o conceito de acidente remete a um acontecimento trágico. Mas na filosofia aristotélica, não. Vamos a eles.

Essência é o fundamento que gera a realidade, isto é, que a faz ser o que é. A essência dá identidade ao ser. Refere-se ao âmago daquilo que é. Um perfume, por exemplo, é o resultado de uma mistura de essências, óleos extraídos de plantas, madeiras, flores. A mistura dá a identidade ao perfume, mas cada essência veio de uma fonte que existe com vida própria. Já o acidente é apenas um elemento que se refere à essência, mas que não é determinante para o que é essencial. Exemplo que ajuda a entender: uma flor (essência) pode ser grande ou pequena (acidente). O tamanho da flor não modifica a sua condição essencial. É uma flor, mesmo pequena.

Veja bem, não pretendemos nos estender com a reflexão filosófica, mesmo porque não é o nosso objetivo principal. A breve pincelada, até com algumas imprecisões, tem como único objetivo utilizar das categorias aristotélicas para que elas nos ajudem a entender o processo da liberdade em nós.

Vamos agora à Teologia, uma reflexão das questões humanas à luz do Sagrado. Para a Antropologia teológica cristã, a liberdade é compreendida como um dom divino, isto é, nos foi dado por Deus, que se concretiza aos poucos, por meio do esforço humano. A liberdade está em nossa essência, mas, apesar de livres, ainda precisamos trilhar os processos normativos e eletivos que nos conduzirão a ela. É por isso que podemos nos compreender como realidades processuais, isto é, estamos em constante processo de feitura. O ser humano se constrói aos poucos. Tudo já está nele, mas é preciso conquistar-se, chegar à essência, e nela viver; caso contrário, corre-se o risco de morrer sem ter chegado ao que essencialmente se é.

O fundamental já nos foi entregue, mas o que agora temos diante de nossos olhos é a árdua tarefa de levantar as paredes da construção que podemos ser. Cada ser humano, ao seu modo e tempo, vive essa aventura de desvendar-se.

O autoconhecimento é condição irrenunciável para uma existência feliz e realizadora. É por meio dele que a pessoa alcançará o instrumental de sua realização, visto que ele é desvelamento de possibilidades e limites. Nenhuma realização é possível quando se desconsideram os elementos constitutivos da sua condição. Ser humano é poder, mas também é padecer de limites. Se por um lado temos as possibilidades, por outro temos as fragilidades que também fazem parte de nossa constituição.

Na reflexão teológica, o devir aristotélico, isto é, o movimento que amarra as categorias de potência e ato, essência e acidente, recebem uma nova leitura conceitual. Chamamos de dom e tarefa. A liberdade é um elemento constitutivo do ser humano que se desdobra na tarefa.

A liberdade que há em nós precisa ser libertada. Assim como a semente (uma árvore em potência) condensa todas as possibilidades da árvore que um dia virá (uma semente em ato), também o ser humano condensa em si inúmeras possibilidades que dependerão de atos que as desencadearão.

A semente já é a árvore, mas em potencial. Terá de passar pelo processo de superar todas as adversidades de seu espaço, para finalmente chegar a ser o que já era em potencial. Será necessário crescer, lutar para alcançar tudo o que já é, mas em potencial. As intervenções externas são importantes para que a semente chegue ao máximo de sua potência. O primeiro passo é o plantio no solo mais adequado àquela espécie. Uma araucária, por exemplo, precisa ser colocada em regiões mais frias. Ela não se desenvolveria à beira-mar. Com o ser humano, a regra não costuma ser muito diferente. Salvaguardando a insondável capacidade de resiliência que há em nós, é inegável que se estamos no lugar certo, com a ambiência certa, teremos mais oportunidades de chegar ao florescimento do ser que somos. Viveremos os processos normativos, isto é, aqueles que se dão naturalmente, e que costumam seguir a um comando interno do ser humano, e os processos eletivos, que são aqueles que livremente foram escolhidos com o intuito de despertar as etapas dos itinerários que nos coloca na posse da liberdade interior. Mas como dissemos anteriormente, o conceito de liberdade é muito rico. Ele nos permite muitos adendos interessantes e profícuos. Vamos a dois deles.

Exercitando liberdades: liberdade fundamental e liberdade eletiva

A liberdade está para o ser humano assim como a semente está para a árvore. É potência. É vocação, mas é também luta e empenho. Qualquer pessoa que seja interrogada sobre o significado de liberdade saberá dizer alguma coisa. Cecília Meireles, grande escritora brasileira, definiu de forma poética essa universalidade do conceito. "Liberdade – essa palavra que o sonho humano alimenta: que não há ninguém que explique, e ninguém que não entenda!" A escritora tem razão. Compreendemos a liberdade de forma intuitiva, pois sabemos exatamente quando somos livres. Mas há alguns degraus que podemos descer para sondar o conceito por prismas menos convencionais.

Quando falamos dessa liberdade que já existe no ser humano como um dom que nos pede conquista, estamos nos referindo a uma liberdade fundamental, que também pode ser chamada faculdade entitativa,[1] isto é, uma condição irrenunciável, um estatuto que nos identifica e nos diferencia. Essa liberdade fundamental é elemento constitutivo do ser humano. Está na semente, na essência que se desenvolverá ao longo da vida. A liberdade fundamental antecede qualquer movimento. É como se estivéssemos falando de um diamante em seu estado bruto, sem ainda ter passado pelo esmero da lapidação.

Pois bem. Por outro lado, temos a liberdade circunstancial, categorial.[2] Essa experiência de liberdade se dá nas circunstâncias da

---

1 Entitativa: referente ao ente, ao ser. Aquele que tem existência. O que é; o que existe.
2 Categorial: classificação das realidades. Escolher é classificar a realidade. Isso é bom, isso é ruim. Isso me fará bem, isso me prejudicará. O carro vermelho é mais bonito que o preto, e assim por diante. Liberdade categorial é a liberdade de toda hora. São as escolhas mais simples do dia a dia.

existência. A vida humana é constante exercício do que chamamos de liberdade eletiva, isto é, liberdade que nos ajuda a fazer escolhas. É a resposta que damos a nós mesmos e aos outros, diante das inúmeras interpelações e alternativas. Essa liberdade é relativa, porque sofre variações. A moldura da vida é composta dessas pequenas escolhas. É a liberdade de toda hora. São as respostas para as perguntas mais básicas. Aonde vou? Que roupa usarei? O que faremos para o almoço? Vou ou não vou ao cinema? Coisas simples que passam pela nossa eleição de toda hora.

Liberdade entitativa é mais profunda. São as respostas para as perguntas mais fundamentais. Quem sou eu? Quais são minhas possibilidades? Quais são os meus limites? O que tenho feito da minha vida? A que ofício quero me dedicar? Por que tenho medo? Estou realizado fazendo o que faço, vivendo como vivo? É a nossa lida com o diamante em seu estado bruto. A liberdade entitativa é nosso selo de autenticidade. É dela que deriva a nossa alteridade, a condição de totalmente outro, porque livre, e que jamais pode ser negada por quem quer que seja.

A liberdade entitativa nos coloca em contato com nossas questões mais profundas. Como o próprio nome diz, por ser fundamental, lida constantemente com as questões que ultrapassam o superficial dos dias, que chegam ao âmago do nosso ser.

O interessante é perceber que essas duas formas de liberdade estão naturalmente entrelaçadas. A liberdade mais profunda é construída diariamente no exercício das pequenas escolhas. Aqui está uma chave que vale a pena levar conosco. Ela nos abrirá muitas portas. Quando fico atento às escolhas mais simples, aquelas que a todo momento eu realizo na minha história, de alguma forma já posso saber se estou aprisionando ou se estou libertando a minha liberdade fundamental. Se nas circunstâncias da existência faço escolhas que confirmam a minha liberdade fundamental, estou sendo livre de fato. Estou regando bem a minha semente, para que ela se transforme na árvore que traz dentro de si.

Mas se nas circunstâncias da minha vida faço escolhas que me aprisionam, estou deixando de fazer aflorar o meu fundamento. O que aparentemente parece inofensivo a nós, acaba comprometendo nossa inteireza. A liberdade fundamental tem íntima comunhão com as liberdades categoriais.

O exemplo é simples e pode nos ajudar a entender. Temos uma escultura preciosa, rica de detalhes, mas que está muito empoeirada. Cada pedaço dessa escultura submetido a um processo de limpeza revelará a beleza que a poeira insiste em esconder. Se, em vez de limpar, optarmos por expor a escultura a novas nuvens de poeira, os detalhes da beleza ficarão ainda mais ocultos.

A liberdade fundamental é uma escultura belíssima que todos nós trazemos cravada no mais profundo de nossa condição humana. A liberdade circunstancial, categorial, é a oportunidade que temos de trazê-la à tona, ou não. O nosso cotidiano é construído por escolhas. É impossível viver sem escolher. Sartre, o filósofo francês, chegou a dizer que a liberdade nos condena à liberdade. Tão logo entramos neste mundo, de maneira especial, após as primeiras vivências guiadas pela consciência, somos inevitavelmente responsáveis por tudo o que fazemos. A compreensão de Sartre é carregada de pessimismo. Aqui nós estamos refletindo a liberdade como um conceito positivo, por mais doloroso que ele possa ser à nossa condição. Sim, sabemos que a gênese de muitas angústias é a necessidade que o ser humano tem de escolher.

Vivemos as experiências da liberdade eletiva em constante estado de comunhão com as pessoas que orbitam ao nosso redor. É com elas que escolhemos. Neste ponto, vale pensar no papel do outro no transcorrer de nossas escolhas. Com que intensidade os outros participam delas? As interferências são positivas ou negativas? A participação deles favorece ou desfavorece a nossa liberdade fundamental?

Considerando que as escolhas circunstanciais podem influenciar diretamente nossa liberdade fundamental, é importante que estejamos atentos à influência dos outros sobre nós.

Não precisamos mais dizer o quanto um ambiente amoroso é propício ao desenvolvimento humano. O amor condensa o poder de fazer o outro chegar ao melhor de si. Numa relação amorosa, as partes desencadeiam os processos que nos colocam em contato com nossa essência. Sendo assim, podemos dizer que o amor liberta, pois ele nos favorece andar os caminhos de dentro, a trilhar os labirintos do autoconhecimento, a fazer escolhas positivas, a driblar as situações que atentam contra a nossa alteridade.

Assim como podemos retirar de uma escultura a poeira que oculta sua beleza, também podemos, de forma amorosa, contribuir para que no outro não prevaleçam os excessos que colocam sua vida sob sombras.

Quando amo alguém, deveria assumir a responsabilidade de viabilizar o florescimento da liberdade fundamental que há na criatura amada. E fazer o mesmo por mim. Construir uma relação de reciprocidade cuja intenção seja destrancar o cofre onde está o diamante.

Todo gesto humano, por menor que seja, pode se tornar significativo no processo de conquista e alcance dessa liberdade fundamental. Tudo depende da atenção ao que vivemos. Por isso é tão importante que sejamos conscientes de cada escolha que fazemos, pois elas podem repercutir em nossas vidas. Não é sem motivo que o viver acordado, isto é, em perfeito acordo com o tempo, em constante estado de vigilância e percepção da realidade, é a busca fundamental de muitas propostas religiosas. O viver em estado de alerta evidencia a trama existencial que nos une. Tudo está interligado. As nossas existências estão misteriosamente alinhavadas pelo cordão da vida.

Somos históricos, isto é, vivemos situados, contextualizados, atados uns aos outros, e essa experiência histórica é determinante para nossa busca. Cada um, ao seu modo e intensidade, está intervindo no processo dos que estão mais próximos. E vice-versa. É de suma importância que façamos constantemente uma análise minuciosa de nossa influência na vida dos que estão mais próximos. Mas também deles sobre nós.

Nosso jeito de viver pode promover, ou não, a liberdade fundamental daqueles que fazem parte de nosso horizonte de sentido. Se nós dizemos que amamos, então precisamos ser instrumentos de libertação na vida dos que dizemos amar. O que dá testemunho de nosso amor não é a declaração que a linguagem das palavras nos permite, mas é a linguagem dos gestos que diariamente realizamos.

Só o amor faz ser livre, porque ele quebra os cativeiros que nos aprisionam. Ele tem o dom de devolver a liberdade, e por isso não há experiência de amor fora da liberdade. Ninguém pode ser amado e ao mesmo tempo ser mantido cruelmente na prisão afetiva. Não podemos acreditar no amor de quem nos aprisiona e nos mantém em cativeiro. Tampouco podemos acreditar no amor de quem não faz questão de promover e incentivar o que temos de melhor, de quem nutre o prazer de salientar constantemente os nossos defeitos, de quem estimula as nossas fragilidades para nos colocar na condição de vítimas.

O verdadeiro amor é o que faz ser livre, que faz ir além, porque não ama para reter, mas para promover. Amor e liberdade são duas vigas de sustentação para qualquer relação que pretenda ser respeitosa. Reconhecemos os que nos amam quando são capazes de reverenciar a sacralidade que nos habita, a alteridade que em hipótese alguma pode ser negada. Se Deus nos fez livres, o amor de quem nos encontrar pela vida não pode ser contraditório ao amor que nos originou. O outro que acabou de chegar não tem o direito de se tornar obstáculo para *Aquele* que nos sustenta em nossa condição primeira. Se quiser nos amar, se quiser fazer parte de nossa vida, terá de ter diante dos olhos o que somos, o que ainda podemos ser, e não o que gostaria que fôssemos. A ninguém deveria caber o papel de corresponder a expectativas alheias. Se há amor, há a disposição de lidar com a realidade humana que se diz amar. Por isso o amor só acontece quando deixamos de imaginar. É a realidade que prova o amor, que atesta sua autenticidade.

Estamos em processo de feitura. O movimento criativo de Deus em nós não é estático, mas dinâmico. Diariamente somos criados e recriados pela Graça divina. Todo aquele que crê vive em constante estado de nascimento, morte e ressurreição. Quando Deus nos recria, ele nos devolve a nós mesmos. Este movimento criativo, amoroso, se dá pelas mãos históricas de quem nos encontra, de quem verdadeiramente nos ama, pois reverenciou a nossa sacralidade. A presença do outro em minha vida é a manifestação do amor humano de Deus. Essas são as pessoas que nos ajudam a conquistar o que não sabíamos possuir. Elas nos mostram o avesso de nossa realidade, porque o amor é uma espécie de lente que amplia nossa autopercepção. O olhar de quem nos ama é um olhar que nos devolve, abre portas. Por meio dos olhos do outro eu posso chegar ao conhecimento do que era meu, mas eu desconhecia. Por distração, por falta de autoconhecimento ou por ter sido submetido a influências que não permitiram o desvelamento de minhas riquezas. E eu posso fazer o mesmo por alguém. O meu olhar amoroso pode acordar o dele que está adormecido. Há inúmeros processos terapêuticos que se prestam justamente a esse despertar. Acordar a riqueza alheia é algo tão realizador como acordar a própria.

Por outro lado, se o amor que nos dedicam não está comprometido em atualizar em nossa vida o amor divino, em despertar o que de nós precisa ser despertado, poderemos ser expostos ao risco de um roubo da subjetividade, de um relacionamento castrador, capaz de nos subjugar ao contexto de uma vida infértil, e diabólico, pois quebra a nossa inteireza e nos distancia do dom que precisamos desenvolver.

Se já afirmamos que, pelas mãos humanas, Deus toca em nossa vida, amando-nos no amor humano que nos promove, por outro lado, também podemos dizer que as estruturas diabólicas nos alcançam cada vez que o amor doentio dos outros modifica nossas escolhas e afeta nossa liberdade fundamental. Relacionamentos tóxicos, abusivos, tão comuns nos dias de hoje, nascem dos descuidos que as pessoas cometem em suas escolhas circunstanciais. Como já dissemos anteriormente, um desastre é construído aos poucos. É uma junção de pequenas negligências que derrubam um avião. Na vida humana, a regra é a mesma. Muitas histórias com finais trágicos tiveram início quando um encontro casual aconteceu e as pessoas se cumprimentaram e disseram: "Muito prazer, meu nome é..."

É pouco plausível a possibilidade de prever o futuro, mas há uma forma inteligente de driblar essa incapacidade humana: percebendo bem o momento presente. Sabedores de que a paixão nos cega, impedindo-nos de ver os defeitos da pessoa por quem estamos apaixonados, seria interessante tentar sair da bolha do alumbramento. O outro tem história pregressa. Ele não chegou sem possuir um passado. Interesse-se por ele. Escute um pouco os que estão fora da bolha. Depois tire suas conclusões, faça suas escolhas.

A vida é muito curta para ser desperdiçada com relacionamentos tóxicos. Não faz sentido gastar um tempo precioso da vida ao lado de uma pessoa que não tem respeito por você. Entregar-se, dedicar-se a alguém que não tem maturidade para viver as regras da reciprocidade. Se só você tem de ceder, se só você tem de compreender, cuidado, pode ser que você esteja se dedicando a um projeto que só existe na sua cabeça.

Há bilhões de pessoas no mundo. Não gaste sua vida insistindo com uma que não reconhece sua subjetividade, que não faz questão de ver o seu diamante ser lapidado. É tão bom amar e ser amado, viver ao lado de pessoas que comungam do mesmo desejo que nós. Uma coisa é certa: quanto maior é o bem que nos provocam, muito maior é o desejo que temos de ficar por perto. O desejo sobrevive assim. O outro nos apresenta um jeito novo de interpretar o que somos, e por essa nova visão nos apaixonamos. O que nos encanta no outro é o que ele nos conseguiu fazer enxergar em nós mesmos. Egoísmo? Não. Apenas o primeiro pilar do conceito de pessoa alcançando uma profundidade ainda maior dentro de nós.

Vir a ser

Eu procuro por mim.
Eu procuro por tudo o que é meu
e que em mim se esconde.
Eu procuro por um saber
que ainda não sei,
mas que de alguma forma já sabe em mim.
Eu sou assim.
Processo constante de vir a ser.
O que sou e ainda serei
são verbos que se conjugam
sob a áurea de um mistério fascinante.
Eu me recebo de Deus e
a Ele me devolvo.

Entre o desejo e o prazer

Como já vimos, tornar-se pessoa é estabelecer o equilíbrio entre os dois pilares: disposição de si e disponibilidade para o outro. Uma pessoa estabelecida nessa harmoniosa construção desfruta de uma maior estabilidade afetiva, tendo assim mais facilidade de lidar consigo, com os outros, com seus limites e possibilidades, e com os conflitos que fazem parte da dinâmica da vida humana.

Quando falamos de vida afetiva, de alguma forma esbarramos em dois conceitos fundamentais, com os quais lidamos diariamente: o desejo e o prazer. Esses dois conceitos fazem parte da vida humana. Eles perpassam nossas condutas, nossas escolhas e nossas atitudes. Somos constantemente movidos pelos desejos e pelos prazeres.

Fundamentando-se como pessoa, torna-se mais natural viver a dinâmica do prazer sem dele tornar-se escravo, e ao mesmo tempo saber descobrir o desejo como emento vital que traz duração às relações humanas estabelecidas.

Essa reflexão é importante, uma vez que dois dos grandes limites encontrados nas pessoas, de maneira especial nas que são mais propensas a relacionamentos abusivos, são a busca desenfreada do prazer e o desconhecimento da força que há no desejo. Quanto maior é a fragilidade de uma pessoa, maior é a facilidade que ela terá de entregar-se ao mundo do prazer, que geralmente costuma excluir qualquer forma de sacrifício. Incapacitada de viver os limites próprios de qualquer processo de escolha e os sofrimentos que dele provêm, a pessoa passa a interpretar a vida de maneira ingênua e simplista. É o famoso: quer o resultado, mas não quer o processo.

Já na perspectiva do desejo, a vida é mais real. Há sempre o espaço para o sacrifício, para a luta e para o desafio, pois eles nos mantêm vivos, desejantes, cientes dos esforços que precisamos realizar para que a realidade desejada se cumpra em nós.

Para que a distinção entre prazer e desejo seja bem explicada, vamos dar mais um passo, diferenciando bem os dois conceitos. Primeiramente queremos ressaltar que há uma diferença fundamental a ser observada. Embora sejam conceitos que se encontram e se desdobram, desejo não é o mesmo que prazer. Quando não diferenciamos essas duas realidades, por meio de um agir consciente, incorremos no erro de estabelecer relações tendo como única finalidade o prazer. Sendo assim, transformamos o outro numa fonte de satisfação. Atentamos contra a alteridade do outro, subjugando-o à condição de objeto. Numa relação objetal, em que uma das partes vive para satisfazer as necessidades da outra, sem nenhum respeito ou reciprocidade, temos todos os elementos que nos indicam que ali há um sequestro da subjetividade.

As relações objetais podem estar escondidas sob os disfarces de um "santo matrimônio"; podem estar nos ambientes de trabalho, em que patrões estabelecem para seus subordinados jornadas de atividades que não contemplam o descanso, a dignidade e a satisfação; podem estar em relações de amizade, quando uma das partes se serve diariamente da boa vontade da outra, nunca retribuindo amor e atenção. Enfim, relações objetais são o resultado natural de uma personalidade que só tem o prazer diante dos olhos. Um ser humano que só pensa em satisfazer suas necessidades, usando de tudo e de todos para que isso aconteça, certamente viverá produzindo relações assim.

Mas quando um ser humano escolhe viver na esfera do desejo, administrando-o de forma livre e consciente, isso se torna muito diferente, pois o desejo é bem mais profícuo na gestão de um comportamento humano que o prazer. O desejo parece atuar em nossas motivações mais consistentes, funcionando como um elã que nos prende à vida, ao que de nós queremos extrair, transformar e realizar. Desta forma, movidos por motivações mais elaboradas e maduras, naturalmente tendemos a descobrir os sacrifícios e as limitações como um processo natural para o crescimento que necessitamos. Queremos o resultado, mas não desconsideramos o processo que nos fará chegar a ele. Quando conduzidos pelo desejo, não excluímos o prazer, mas apenas colocamos o foco no que realmente importa naquele momento. Mesmo que não sejamos constantemente visitados pelo prazer, estando o desejo vivo, saberemos passar pela aridez que é inerente ao processo de crescimento humano.

O mesmo se dará em nossos relacionamentos. Se quisermos que sejam duradouros, frutuosos, não podemos estabelecê-los somente para deles extrair prazer. A forma como nós lidamos com o prazer e o desejo repercute diretamente na forma como vivemos.

A vida sob o foco do desejo

A qualidade da nossa vida depende do quanto somos conscientes do que escolhemos viver. Salvaguardando o que dela é mistério que não se doma às nossas interferências, a vida será sempre mais interessante quando planejada e refletida. Refletir é um ato essencialmente humano. Os animais se acasalam, vivem em bando, procriam, mas nunca poderão refletir o significado de tudo o que fazem. Nós, não. O nosso agir sempre poderá ser refletido. Viver sob o foco do desejo requer reflexão, pois ele é uma força motriz que precisa ser constantemente colocada à prova, isto é, esmiuçada para que conheçamos o coração de nossas intenções.

Mas vamos entrar um pouco mais no conceito que neste momento do livro tornou-se importante para a nossa reflexão. Desejo é uma palavra bastante sugestiva. Ela já despertou muitas reflexões interessantes. Para a Filosofia, o desejo é uma tensão que direciona o ser humano para uma finalidade. Essa tensão recebeu muitos nomes ao longo da história da Filosofia. Platão e os filósofos cristãos associaram o desejo à imperfeição dos seres. Só deseja aquele que carece. E carecer é o mesmo que ser imperfeito, limitado. O ser perfeito não precisa administrar nenhuma necessidade, pois desfruta de perfeição. Se precisa desejar, é porque sofre de imperfeição. Talvez seja por isso que o termo *desejo* tenha sido tão mal interpretado pelo contexto religioso ao longo dos tempos. Sabemos que, durante muitos séculos, o discurso religioso foi perpassado pela mística do sofrimento e do sacrifício. Com isso, naturalmente o desejo passou a ser interpretado como uma oposição à vida austera. O grande objetivo era eliminar o desejo, ficando o ser humano vazio de qualquer impulso que pudesse desviá-lo de uma vida de santidade. O que vimos foi a associação direta de desejo ao pecado.

Também a Filosofia budista compreende o desejo como um sério obstáculo à realização humana. O nirvana é justamente um estado de espírito em que o ser humano alcança a supressão dos desejos e entra numa espécie de nada querer, nada desejar. Reparem que o "vazio" tão buscado pelos budistas tem estreita ligação com a ascese cristã, que também recomendava o completo despojamento: material e espiritual.

Na Psicologia, encontramos em algumas vertentes a convicção de que o ser humano é o território dos desejos. Ele não é capaz de viver sem desejar. De acordo com elas, desejos podem ser conscientes ou não, tudo dependerá da capacidade que cada um tem de conhecer-se. Freud é uma referência para esse assunto, mas foi Lacan, discípulo de Freud, que deu uma importante contribuição para o nosso entendimento sobre a força do desejo na psique humana, e que muito contribuirá para a nossa reflexão. Ele sugeriu que a duração de um desejo está diretamente relacionada à sua satisfação. Uma vez consumado, o desejo deixa de existir, dando espaço para um novo. Assim, podemos entender o dito popular: "O melhor da festa é esperar por ela." É na espera que o desejo se mostra com sua força de nos mover na direção do que desejamos. O que não temos é o que nos mantêm vivos. É o que nos falta que nos coloca em uma bela e frutuosa dinâmica existencial.

Pois bem, as especulações são muitas. Nosso objetivo é abordar o contexto do desejo como realidade humana que não se opõe à felicidade e à construção da pessoa; desejo que não exclui regras e restrições, pois nos leva pelas tortuosas estradas de nossa realização. Desejo que nos segura e que nos mantêm na estrada, mesmo quando nos deparamos com realidades adversas. Desejo como pulsão que nos movimenta e mantêm o elã vital. Desejo como combustível da vida.

Concordamos com Lacan. A dinâmica da vida humana é perpassada pelo ciclo dos desejos. A realização de um já é o início de outro, e assim vamos nesse movimento sem fim. Enquanto estivermos vivos, seremos seres desejantes, presos à vida pelos tentáculos do desejo. Desejar é tão necessário como respirar. A partir dos desejos nós estabelecemos metas, cumprimos rotinas, suportamos restrições. O desejo recruta e desenvolve uma virtude importante, também muito salientada na filosofia aristotélica: a vontade. Para Aristóteles, a vontade é o apetite guiado pela razão. É por meio dela que educamos nosso comportamento, livramo-nos dos vícios, desfazemo-nos dos excessos. Vontade e desejo coincidem. Quanto mais desejamos, quanto mais fortalecemos a nossa vontade, muito maior é a sensação de estarmos vivos.

Quando refletimos os nossos relacionamentos à luz do desejo, descobrimos que o desejo perpassa todos eles. É por isso que podemos dizer que a duração de um relacionamento está diretamente ligada à permanência do desejo. O que nos faz querer estar ao lado de alguém é o desejo. Não o mesmo desejo de sempre, mas o desejo que se modifica à medida que vivemos o processo natural da vida.

Retomemos a reflexão de Martin Buber. O que nos encanta no outro é o que resulta do encontro que realizamos com ele. É a terceira pessoa que formamos juntos, é o que nasce do encontro que nos faz querer ficar. Do congresso entre um "eu" e um "tu" nasce um nós. É nele que descobrimos o motivo para a continuidade. É por ele que passaremos pelas dificuldades, que viveremos as constantes e necessárias superações. O desejo de não o desfazer, mesmo quando tudo parece ruir ao nosso redor, é que faz com que sejamos capazes dos sacrifícios que edificam e concedem duração aos relacionamentos. A permanência nas relações sinaliza que o desejo está vivo, que ele foi mantido, que não morreu com o passar do tempo. Foi modificado, pois só é vivo quando há movimento, mas não morreu.

Você se recorda das duas modalidades de liberdade, fundamental e eletiva? Pois bem, os desejos também seguem distinções semelhantes. Existem desejos mais duradouros, mas também lidamos com os temporários. Passar no vestibular, por exemplo. Depois de alcançado, ele se transforma em desejo de fazer a faculdade. Depois da faculdade, vem a especialização, o mestrado, o doutorado, a profissão. Um desejo ocasiona o outro. Um desejo duradouro tem íntima comunhão com a nossa dimensão entitativa. Alimento o desejo de ser uma pessoa boa, por exemplo. Eu morrerei e não terei esgotado o desejo. Mas a vida me dará inúmeras oportunidades de exercer a bondade.

Mas quando falamos de pessoas e suas relações, também recrutamos os conceitos de desejos temporários e desejos permanentes. E nisso há uma questão fundamental. Relações duradouras são aquelas que o desejo sustentou, isto é, ainda que tenha havido um desdobramento do desejo, modificando-o, percebemos que existe um detalhe fundamental, um foco que permaneceu. O outro mudou, foi transformado pela vida, mas ainda continua sendo o foco do desejo de quem escolheu seguir com ele.

A relação é duradoura à medida que o foco do desejo permanece, à medida que o movimento existencial não extirpa o fundamental que proporcionou aquele vínculo. Os desejos até foram modificados, mas o foco permaneceu, e por isso o outro não quis ir embora. Amizades duradouras são assim. As pessoas vivem seus processos, sofrem suas alterações, mas o fundamental permanece.

Mas o que faz isso dar certo para alguns e não para outros? Veja bem, é muito pretensioso responder a essa pergunta. Mas é interessante identificar que a permanência do desejo está intimamente ligada à preservação do mistério e da sacralidade da relação. Preservar o mistério não significa guardar segredos, mas consiste em manter a reverência que não permite a banalização do outro. Ele, porque é totalmente outro, alteridade que não pode ser negada, é mistério que merece ser preservado, contemplado. Por mais que eu o conheça, jamais terei o direito de dizer que já sei tudo sobre ele, porque sei que ele está em processo de feitura, assim como eu estou. Ele está se fazendo pessoa; está arregimentando os elementos de que dispõe para ser o melhor que pode. E porque sabemos que o outro está sempre em movimento, precisamos viver o constante processo da conquista, ainda que nossas relações já tenham ultrapassado a idade de 50 anos. Preservar o mistério é continuar conquistando, mesmo depois de anos de casados, mesmo depois de anos de amizade.

A vida sob o foco do prazer

Prazer é um estado físico e mental que proporciona ao ser humano um deleite que o aproxima do que cons'deramos ser eterno. Há muitas fontes de prazer, e você conhece bem muitas delas. É importante saber desfrutá-las. Não é justo reduzir a vida, por motivos religiosos ou convicções filosóficas, a um vale de lágrimas. Mas a busca desenfreada por ele, excluindo do contexto de nossas escolhas os processos indigestos, mas necessários à nossa maturidade, é um atentado à nossa saúde emocional. Sabemos que uma das principais características do mundo contemporâneo é a busca do prazer. As mudanças antropológicas ocorridas nos últimos séculos, marcados pelas tecnologias que facilitaram a vida humana, desenvolveram um ser humano menos resiliente, pouco afeito às esperas e restrições. As pessoas não estão mais dispostas aos sacrifícios dos nossos avós, das demoras inevitáveis de outros tempos. Cada vez mais se socializam as oportunidades que nos prometem resultados rápidos, excluindo esforços, implantando a ilusão de que é possível chegar sem ter de ir. O tempo de demoras, que antes era assimilado naturalmente pelas pessoas, foi descredenciado, pois substituímos a paciência pela ansiedade. Não que as pessoas do passado não sofressem de ansiedade, não, não se trata de romantizar os tempos idos, derramando sobre eles uma névoa romântica, colocando-os como um tempo ideal. Não, mas é notório que o ser humano atual é bem mais ansioso do que o do século passado. E não é complicado chegar a essa conclusão. Somos muito mais estimulados à ansiedade do que ele foi. As tecnologias que nos cercam facilitam muito a nossa vida, mas também deixam uma sombra enorme que ainda não foi dimensionada, pois estamos protagonizando, em tempo real, a mudança.

    O nosso mundo é um avião supersônico. Alimentação rápida, serviços rápidos, muita conveniência, porque não podemos esperar. Emanuelle, uma amiga que durante muito tempo trabalhou como bancária, confidenciou-me que o seu tempo de almoço era de quinze minutos. Sim, você não leu errado. Quinze minutos.

O pragmatismo tomou conta do nosso jeito de ver, viver e de ser no mundo. Falaremos detalhadamente sobre isso mais à frente.

Os programas de televisão anunciam, o tempo todo, as novidades do mercado das facilidades. Aparelhos – todos podem ser dobrados e cabem debaixo da cama – que prometem emagrecer os que passam o dia inteiro sentados no sofá: cápsulas que capturam as gorduras dos alimentos antes de elas serem absorvidas pelo organismo. Injeções milagrosas que fortalecem músculos em corpos magros. Cirurgias que desenham o abdome dos sonhos – ainda que ofereçam riscos –, realizadas em clínicas que não oferecem a menor condição de segurança ao *impaciente* que procura por elas. Enfim, uma infinidade de promessas mágicas. A literatura das bancas também se ocupa desses milagres. Livros que prometem receitas de felicidade, equilíbrio emocional, técnicas de convivência. Mas um detalhe: os autores costumam ser pessoas dificílimas e mal-humoradas. Guias que ensinam a influenciar pessoas, ganhar dinheiro, ficar milionário da noite para o dia. Facilitadores emocionais, palestrantes que apregoam o enriquecimento, cobrando fortunas por cursos e imersões, enquanto somente eles enriquecem.

Este é um pouco do nosso contexto sociocultural. A ansiedade humana, a indisposição à rotina que exige disciplina para nos oferecer resultados, favoreceu e continua favorecendo a cultura do engano. Estamos imersos num mundo de fraudes, golpes e fórmulas mágicas. Os espertos fazem a leitura dos que não se leem, identificam suas fragilidades, sabem que sofrem de escassez de vontade, e assim constroem pretensas soluções para que sejam vendidas a um preço muito alto.

A estratégia dá certo, pois as pessoas estão impacientes para os processos eletivos que nos permitem construir soluções. Elas querem resultado rápido. Com isso, mostram-se indispostas a tudo o que possa lhes exigir tempo, disciplina e calma. Nesse contexto de tantas pressas, não há espaço reservado para a reflexão que poderia nos ajudar a esclarecer os enganos que nos assolapam. Os meios de comunicação se limitam a alimentar a sede de prazer das pessoas. Assuntos fúteis, fofocas, angariam atenção e engajam assustadoramente nas redes sociais. Celebridades, influenciadores, ainda que não tenham preparo para os assuntos, aparecem nas telas em rede nacional para repetir seus discursos tolos sobre questões sérias. Aos filósofos e pensadores pouco espaço de grande relevância popular tem sido dado, pois eles demoram para falar. Eles não se apressam em suas respostas. E não há tempo. Tudo precisa ser apressado, breve.

Com o advento das redes sociais, a futilidade ganhou ainda mais espaço. Qualquer pessoa tem um canal de televisão na mão. Se for competente nas artimanhas das redes, ganha notoriedade da noite para o dia. E passa a influenciar comportamentos. Pessoas fúteis se tornam referência para nossos filhos. Os canais abertos de televisão quase nunca abrem espaço para a cultura. Tudo é entretenimento. Com sua programação descartável, com suas videntes fazendo previsões, e líderes religiosos fomentando o ateísmo com seus discursos vazios e caricatos, perdem a oportunidade de promover uma sociedade mais culta, bem-informada. Enquanto isso, o povo padece necessitado de cultura, informação e entretenimento que não o aliene, mas o motive a ser mais. É a prevalência do tosco, do mal-acabado, do entretenimento de baixíssimo nível. E como é só isso que recebem, as massas que só assistem aos canais abertos acostumam-se a isso. Artistas que nunca aprenderam a cantar repetem, no programa de grande audiência, versinhos que ferem a inteligência e o bom gosto de uma nação que não sabe mudar de canal, porque descobriu nisso alguma forma de prazer. Enquanto isso, nossos reais valores, compositores de altíssimo nível, cantores e cantoras de excelente desempenho técnico e artístico, se tornam atração para poucos, porque a grande massa desconhece a sua existência. Sim, nós já temos uma geração que desconhece a obra de Milton Nascimento, Nana Caymmi, João Gilberto. Tudo isso para dizer que o prazer está na moda, e que estamos indispostos aos processos que nos educam. Desprezamos o que exige tempo e maior esforço intelectual.

Mas vamos retornar ao objetivo deste tópico: fazer um paralelo entre a vida sob o enfoque do desejo e a vida sob o enfoque do prazer. Como já dissemos, o rio do desejo é mais profundo que o rio do prazer. Ele precisa de tempo para ser mergulhado, despertado e vivido. O prazer, não. É produto rápido. É igual carboidrato de absorção imediata, que na hora certa é fundamental à saúde do organismo, pois não leva tempo para ser assimilado por ele. Desejo é alimento integral, demora para fazer digestão, e por isso alimenta por um tempo maior.

Outro exemplo. O prazer pode se tornar um poço sem fundo, um círculo vicioso, pois cria dependência que nos faz procurar por ele mais e mais, o tempo todo. O desejo, ao contrário, cria permanência, porque acalma. Sabemos onde ele fica. Ele movimenta para novas buscas, mas não desorienta. A realização de um desejo nos motiva a um outro. E por ser de natureza processual, ocupará a nossa atenção, qualificando a dinâmica de nossa existência. Já a realização de um prazer costuma ser sucedida de uma frustração, pois dele não resta muito a não ser a fome por uma outra fonte de prazer, que, por ser de natureza vaporosa, dilui-se facilmente e nos dá a sensação de vazio. O desejo é um alimento integral, enquanto o prazer é alimento refinado.

Nesta sociedade em que tudo precisa ser colorido e palatável, essa regra tem prevalecido: nada pode nos privar do prazer. Tudo precisa ser prazeroso. Portanto, sacrifícios não são bem-vindos. As pessoas se esmeram por buscar os atalhos, porque não há disposição para trilhar a estrada mais longa, ainda que ela seja repleta de belezas, surpresas e aprendizados. Entre alunos que se preparam para o vestibular, tem sido comum a busca pelos resumos das obras que serão abordadas nas provas de literatura. Para que ler a obra completa se podemos ler só o resumo? Essa é a pergunta prática que geralmente é formulada por quem ainda não sabe desejar. Literatura, antes de combinar com o prazer, combina com o desejo. Prazer é consequência do desejo que vem antes. Para satisfazer os apressados, inventaram a técnica de leitura dinâmica, que permite ao leitor ler uma infinidade de páginas em poucos minutos. Mas como chegar ao sentimento que só se formula mediante o contato demorado com o texto? Como experimentar o arrebatamento espiritual que a leitura atenta do texto de Gabriel García Márquez pode provocar? Literatura não pode ser reduzida a um conjunto de informações. Lemos porque também queremos transcender, adentrar as vidas inventadas, experimentar o deleite que as narrativas são capazes de acordar. Ler com pressa é o mesmo que comer sem sentir o sabor. Ao reduzir um livro a um resumo, desrespeito o processo criativo do autor, o minucioso trabalho do revisor, a expertise de quem identificou que aquela obra merecia a edição que a retiraria da gaveta, universalizando a experiência que nasceu íntima, particular.

O mesmo absurdo acontece com o mundo acadêmico. As pessoas querem um diploma, mesmo que não saibam absolutamente nada sobre o assunto do ofício que escolheram como seu. Sabemos que estudar nem sempre é uma atividade prazerosa, mas é absolutamente necessária para a aquisição da competência que nos tornará bons na profissão que escolhemos. As noites em claro, os dias de pesquisa e preparação são uma resposta do desejo que nos move. Desejo de termos uma profissão que nos realize, de chegarmos ao melhor de nós mesmos. Desejo de conhecer, desvendar o mundo, reconstruí-lo por meio de uma atuação responsável na área que resolvemos atuar. Fico apreensivo quando vejo nossos centros acadêmicos povoados de alunos descomprometidos, negligentes com os estudos, pouco movidos pelo desejo, muito movidos pelo prazer. Quem serão os especialistas do futuro? Quem serão os profissionais que cuidarão de nossas demandas daqui a alguns anos?

Nem tanto ao céu nem tanto à terra. O bom é conjugar os dois. Desejo e prazer. O interessante é não perder de vista nenhuma das duas realidades, lutando constantemente para manter acesa a chama do desejo pela vida e pelas pessoas que amamos. O desejo mantém a dinâmica da conquista, o prazer nos permite sentir o sabor dela. Já dizíamos anteriormente que somos território que precisa ser conquistado o tempo todo. Já estamos entregues a nós mesmos, mas ainda necessitamos tomar posse do ser quem somos. É o desejo de ir sempre além, de não perder o fio da vida, o visgo, o significado, que nos mantém na rota da busca.

Prazeres temporários não podem ser mais importantes que desejos fundamentais. Não podemos reduzir a nossa vida a uma constante caça de situações prazerosas. Nem tudo o que nos educa e transforma é prazeroso. Os prazeres não devem ser negligenciados. É saudável vivê-los. São resultados de desejos bem conduzidos. Mas eles são adjacentes. Participam de nossa realização, mas não são o centro. Quem precisa estar no comando é o desejo.

O que desperta o nosso desejo? O que desperta o nosso prazer? São perguntas relevantes. Naturalmente vamos pensar em situações e pessoas. Veja bem, já encontrei pessoas bonitas, interessantes, que só conseguem ser objetos de prazer. Não se tornam foco de desejo. As pessoas passam por elas, mas não permanecem. Por quê? O que faltam a elas? Não sei responder. Mas casos assim são muito comuns. São a prova de que o prazer não é o suficiente para que o outro queira ficar. O que acende e alimenta a durabilidade do vínculo é o desejo que somos capazes de despertar.

Corpos perfeitos podem até ter a facilidade de despertar prazer, mas o que resta depois que ele se esgota? Como dizia sabiamente a minha mãe, "beleza não põe a mesa". Quando movidos somente pelo prazer, nem a sacralidade do outro nós saberemos respeitar. Tão logo é findado o ciclo do prazer, queremos descartar a fonte e sair à caça de outra que supere a anterior. O desejo é que nos faz respeitar a sacralidade da pessoa que está diante de nós. O prazer é um impulso rápido. Já o desejo é um impulso de demoras. É feito de vagarezas. Assim como ter de andar mil quilômetros, mas certos de que há um lugar a se chegar. A dureza da viagem e o cansaço serão sempre vencidos cada vez que o desejo correr pelas veias. Não haverá prazer durante todo o trajeto. Por vezes, os limites serão aflorados, mas o desejo de chegar nos manterá firmes.

Cada vez que identificamos nossa incapacidade de manter acesa a chama dos nossos desejos, e percebemos que somos, sobretudo, afeitos à manutenção de prazeres transitórios, revela-se diante de nossos olhos a oportunidade de romper com mais essa forma de sequestro da subjetividade, tão comum nos nossos dias. Sequestro arquitetado e mantido pelos que estão interessados em nossa submissão coletiva. Não pense que trocamos regularmente de celular porque somos livres. Não, há pouca liberdade em nossa decisão. Estamos devidamente condicionados, por meio de mídias, influenciadores, empresas especializadas em acender nas pessoas os prazeres temporários, a tomar a decisão sempre que sabemos que o nosso modelo já perdeu o posto de último lançamento. Alguém está pensando pelos que não pensam; alguém está decidindo pelos que não sabem decidir.

A mentalidade que apregoa a vida fácil, sem esforço e sem luta não brota ao sabor do acaso. Ela é o fruto de um mecanismo que gera a manutenção social de pessoas apáticas e sem poder de transformação. Ao promoverem uma constante socialização da ideia de que o sacrifício não deve mais fazer parte da vida humana, e que a felicidade consiste em suprimir qualquer realidade que possa nos desinstalar, contrariar, ou provocar sofrimento, os que pensam por nós fazem a manutenção de nossos cativeiros afetivos e intelectuais.

O resultado nós conhecemos bem. A infantilização cada vez mais frequente das pessoas, o consumo não consciente, o crescimento assustador da ansiedade e das doenças psíquicas, o não amadurecimento humano, o prolongamento da adolescência e a incapacidade de viver o segundo pilar do conceito de pessoa: a disponibilidade ao outro. Vida sem sacrifício é vida em completo estado de alienação, irreal, marcada pelas estruturas romanceadas dos contos de fadas e pela visão mágica da realidade, tão comuns nas quais impera o *mito do amor romântico*. Mas antes de qualquer coisa, o que é um mito?

O mito e suas sugestões

Antes de falar do mito do amor romântico, seria oportuno especificar um pouco mais o significado de mito, e salientar a importância das elaborações mitológicas nas culturas, gerando mentalidades e influenciando posturas e comportamentos. A princípio, podemos dizer que a Mitologia, campo de estudo que se dedica aos mitos, é uma antessala da Filosofia. O mito foi uma primeira elaboração conceitual que a humanidade conseguiu realizar. Embora fosse racional, a elaboração era permeada por aspectos mágicos, fantasiosos, fato que depois, com o surgimento da Filosofia como hoje conhecemos, fez com que fosse considerada um primeiro esboço racional de uma reflexão filosófica. Antes da Filosofia, a Mitologia.

Pois bem, ainda que já estejamos devidamente racionalizados, há sempre um mito no avesso das nossas compreensões. Estamos constantemente necessitados de encontrar respostas que nos ajudem a compreender a vida e o significado dos acontecimentos humanos. No desejo de compreender, fazemos perguntas. Na pergunta que formulamos, expressamos o nosso desejo de desvendar o mundo que nos envolve. Somos seres naturalmente filosóficos, movidos por indagações que contribuem na elaboração de nossas compreensões.

Essa natureza filosófica, elemento que faz parte do estatuto humano, manifesta-se naturalmente na nossa vida por meio de explicações simples que fazemos dos fatos. Nosso desenvolvimento cognitivo, isto é, nossa capacidade de raciocínio, passa por um longo processo de amadurecimento biológico. Assim como o corpo precisa amadurecer para ser capaz de produzir uma outra vida, também nosso cérebro necessita amadurecer para executar raciocínios mais complexos. É por isso que, no início de nossa vida escolar, os aprendizados seguem regras que consideram nossa maturidade cerebral. Salvaguardando raras exceções, é impossível, por exemplo, propor a uma criança de 7 anos uma operação de álgebra. Ela ainda não tem amadurecimento cerebral para tal raciocínio.

A mesma criança não será capaz de compreender a teoria do Big Bang, que procura explicar cientificamente a criação do universo. Mas se quisermos falar com ela sobre os mistérios do mundo, o melhor é contar a origem do universo por meio de uma história que se encaixe no seu universo infantil, e que a retire do desconforto de seu estado de não saber. Mais tarde, quando já tiver maturidade para entender as outras teorias, ela terá contato com elas. Pois bem, na infância da inteligência, o mito é a elaboração possível.

Recordo-me de que, quando era criança, sempre que trovejava, eu ouvia minha mãe dizendo que o trovão era a manifestação da braveza de Deus com algumas pessoas no mundo. Escutava aquela explicação e nela colocava minha confiança. Deus estava bravo, mas não era comigo. Era com outras pessoas. A frase de minha mãe, ainda que absurda para um adulto, cessava, no meu coração de criança, o medo dos trovões. Dar nome ao medo é, de alguma forma, começar a vencê-lo. Os mitos nascem assim. Da necessidade de dar um nome que abrace e dê significado aos acontecimentos. É diante de um não saber que ele é construído. Por meio de uma linguagem fantasiosa, criam-se as explicações para a origem do mundo, para falar dos sentimentos humanos, das questões que escapam à nossa compreensão.

Com o tempo, depois que aprendi que os trovões são fenômenos naturais, causados por descargas elétricas, aquela explicação mitológica deixou de ter valor para mim. O inegável é que, na infância da minha vida, aquela forma de interpretação da realidade fez parte de minhas crenças.

Recordo-me também de que minha mãe não nos permitia comer manga e tomar leite ao mesmo tempo. Entre um alimento e outro precisávamos observar um prazo de, no mínimo, oito horas. A razão para a proibição era simples: o mito de que a mistura dos dois alimentos era capaz de provocar a morte. Só depois, nas aulas de história, é que fui descobrir a origem daquela proibição.

Mitos são as primeiras tentativas de explicação daquilo que ainda não sabemos compreender. São sempre contados por meio de narrativas que prevalecem no tempo, isto é, passam de geração em geração e se perpetuam. Depois que chegamos ao conhecimento do que antes passava pela compreensão mitológica, o mito se registra como uma lembrança que nos reporta ao bom tempo da inocência.

Aqui está o ponto nevrálgico. Mesmo que já tenha sido superado, ele continua nos influenciando. É como se preservássemos num quarto do inconsciente todas as formulações mitológicas que já fizeram parte de nossa vida. Elas podem nos fazer bem, pois podem pertencer à memória já esclarecida, mas também podem nos fazer mal, pois podem impedir a reelaboração daquela informação, mantendo-nos numa ingenuidade que não contribui para a nossa lida com a realidade.

O mito é naturalmente belo, pois costuma ser bordado pela poesia. Fortemente marcado pela linguagem metafórica, isto é, uma linguagem que procura fazer uma leitura do mundo por meio de símbolos, o mito consiste numa elaboração altamente sedutora, pois o símbolo está no cerne de sua estrutura. Na Semiótica, ciência que se dedica ao estudo de todos os sistemas de comunicação presentes numa sociedade, aprendemos que o símbolo tende a falar por si mesmo, não carecendo de explicações. Olhamos para ele e naturalmente somos conduzidos pelo significado que ele pretende propor. Explicar um símbolo não é de bom tom, pois podemos condicionar no outro o entendimento que nós obtivemos dele. Por isso, uma linguagem simbólica não tem necessidade de ser aprisionada em conceitos fechados. Podemos dizer que o símbolo supera o conceito, porque parte do conceitual para entrar no horizonte da sugestão de um algo a mais. O simbólico é um instrumental para interpretarmos o mundo. Os símbolos estão nos eixos das construções e manifestações culturais. Eles comunicam uma forma de pensar. Por isso estão tão interligados com a cultura de cada época. Na Idade Média, as catedrais representavam a supremacia do poder religioso. Eram construídas como forma de demonstração desse poder. A religião determinava o pensamento e o comportamento da época. Foi um período marcado por uma mentalidade maniqueísta, que apontava para uma radical oposição entre o bem o mal, Deus e o Diabo. Os mosteiros eram os lugares reservados à salvação das almas, ao passo que as tabernas eram os lugares que evidenciavam a perdição assumida, a danação eterna.

As construções góticas, com seus traços suntuosos, simbolizavam o desejo humano de alcançar o céu. As altas torres, as paredes talhadas por desenhos de movimentos ascendentes, legitimavam um desejo de alcançar a eternidade com as mãos.

As construções romanas, sempre horizontais, expressavam o desejo romano de conquistar o mundo, os territórios. Construções esparramadas, nunca voltadas para o alto, mas estendidas para a terra, para o horizonte. Símbolo de uma civilização que desejava incorporar o mundo como propriedade e torná-lo uma extensão de Roma.

Os gregos e a sabedoria que gerou a cultura ocidental. Atenas, cidade da força intelectual. Esparta, cidade da força dos corpos. As duas cidades, de forte valor simbólico para a Grécia, parecem condensar e sintetizar a mentalidade de uma civilização que legou ao mundo a cultura da estética intelectual e a cultura da estética física.

Minas e suas estruturas barrocas. O barroco é o movimento dos contrários. A igreja majestosa condensa em sua arquitetura a glória e a decadência. Numa mesma cena, há a grandeza de anjos sendo carregados por negros em processo de penúria e sofrimento. O humano e a dura missão de sustentar o peso do divino. A madeira talhada a canivete revela a mentalidade de um tempo. É a realidade expressa e contada no símbolo de uma época. A catedral tem boca, e fala. Conta histórias de quem já não tem mais boca para contar. Revela, por meio do símbolo, o que só os mortos poderiam revelar.

Símbolos são testemunhas históricas. Por meio deles podemos fazer a leitura dos pensamentos que prevaleceram ao longo do tempo, pois eles condensam um universo inesgotável de informação. Os seres humanos hodiernos, porque têm a oportunidade de visitar os lugares onde rezavam os do século XV, podem adentrar e compreender melhor a fé que os movia naquele tempo. Os símbolos que sobreviveram ao tempo são os condutores da informação.

Mitos e símbolos são dois caminhos que se encontram constantemente. Eles se complementam e se transformam mutuamente. Assim como a catedral é um símbolo que varou o tempo e legitimou nas culturas a ideia de que Deus esteve sempre presente nas cidades, por meio de paredes suntuosas, também o mito é uma forma de edificação que atravessa o tempo, legitimando e sugerindo um jeito de pensar.

Podemos dizer que muitos mitos são tão sedutores que podem ser comparados às catedrais. Eles fomentam mentalidades e comportamentos. Um deles é o mito do amor romântico.

O mito do amor romântico

Quando uma pessoa está movida pela busca desenfreada do prazer, é natural que ela esbarre na incapacidade de decodificar racionalmente os encontros que estabelece. No afã de extrair prazer de pessoas e situações, um caminho muito comum que se trilha é a idealização, que é quando, a partir de uma pessoa real, nós passamos a criar um personagem pelo qual nos apaixonamos. A imaturidade emocional costuma estar nos avessos dessas construções afetivas. Sofrendo de ausências e lacunas, e tendo as carências no comando de suas percepções, a pessoa projeta tudo o que lhe falta sobre o outro. Busca nele o que deveria encontrar em si. Espera dele o que somente deveria esperar de si. Numa tentativa de encontrar o que gostaria de possuir afetivamente, passa a impor ao outro a responsabilidade de corresponder às suas expectativas.

Este livro é muito prático. É bem provável que você esteja lendo-o e enumerando as pessoas que você conhece e que agem exatamente assim. Ou então, num arroubo de honestidade intelectual, reconhecendo-se na descrição. As idealizações afetivas são muito comuns entre nós. Por mais que tenhamos em bom estado de uso o senso de realidade, todos nós, em algum momento da vida, vivemos essa forma de aprisionamento.

Sabemos que o comportamento humano não é por acaso. Há sempre uma mentalidade por trás de tudo o que vivemos. No caso das idealizações afetivas, podemos citar o "mito do amor romântico". Trata-se de uma utopia coletiva que há séculos vem retirando do amor a sua carga realista, substituindo-a por idealizações que pouco se aplicam ao que sabemos de nós. Há indícios de que o mito tenha entrado na sociedade ocidental na Idade Média. Algumas pistas indicam que sua primeira aparição na literatura foi por meio da lenda do amor vivido entre Tristão e Isolda. Não entraremos aqui nesse mérito. O que nos importa é evidenciar um pouco da estrutura e das influências que esse mito legou às sociedades. O mito do amor romântico se estabeleceu no tecido social por meio de narrativas, romances, filmes, teatro. O roteiro é sempre muito parecido. Após viver uma longa e tenebrosa saga de dificuldades e acidentes, o casal finalmente consegue viver o seu amor. Até aí nenhum problema. A vida é assim mesmo. A questão é a idealização que perpassa os personagens. São sempre perfeitos, resignados, resilientes. Mas o ápice da idealização está sempre no final, quando há uma abrupta interrupção da história e os autores terminam suas narrativas com um "felizes para sempre!" Que desserviço! Ainda que de vez em quando o nosso espírito nos peça uma história assim, pois como bem disse Maria Bethânia, "a vida fica insuportável sem algum delírio", não podemos substituir o que sabemos sobre nós por narrativas que idealizam pessoas e relacionamentos. Não, a vida não é um conto de fadas, mas nem por isso estamos privados da felicidade que eles nos sugerem. Detalharemos melhor esse assunto daqui a pouco.

A nossa experiência nos mostra diuturnamente que o ser humano idealizado, perfeito, não pode ser encontrado em lugar algum do mundo. Ele não existe. O que existe é o ser humano certo, aquele que você soma defeitos, qualidades, avalia temperamento, possibilidades, limites, e decide: vou seguir ao lado dele. Portanto, nunca poderemos dizer ter encontrado a pessoa ideal. Mas ter encontrado a pessoa certa, sim.

Na idealização que o mito do amor romântico sugere, não há conflitos entre os amantes. Os algozes são os outros, os que se opõem ao relacionamento. Um outro pormenor que podemos observar nas narrativas é a submissão da mulher. Na submissão também contém uma boa porção de fragilidade. O homem, não. Ele luta, ele faz guerra, ele determina, ele comanda. À mulher cabe o papel de esperar pelo resgate. Aprisionada na torre, na lida de uma casa, ou bordando, ela está sempre em estado de espera.

Sabemos que não é assim. A mulher não precisa ser libertada por homem algum. Ela dispõe dos mesmos recursos existenciais que seus parceiros. E como já vimos anteriormente, ela detém em si o diamante bruto da alteridade, da dignidade que a coloca em pé de igualdade com os homens. A dignidade da mulher não é inferior à do homem. Podemos até falar em atribuições diferentes, mas atribuições, exercício de papel social, não podem fazer uma pessoa ser inferior à outra.

A fragilidade feminina também é uma idealização, construção social que precisamos rever. A história já nos desmentiu, mas continuamos orbitando essa idealização sem fundamento. Muitos relacionamentos abusivos se estabelecem justamente porque a mulher se interpreta assim. A idealização não é um equívoco que somente o outro pode cometer comigo. Não, eu também posso ter uma visão idealizada de mim. Quem corrige isso é o processo terapêutico do autoconhecimento, que pouco a pouco vai desvelando minha verdade, permitindo-me substituir minhas idealizações pela realidade. Ficamos mais lúcidos quando nos livramos das paixões. Não posso existir com qualidade tendo uma visão apaixonada de mim. Eu preciso ter uma relação amorosa com o ser que sou, e não uma relação apaixonada, pois a paixão me cega, dificulta a percepção, ao passo que o amor me proporciona uma lida respeitosa com os elementos de minha constituição.

Muitos fracassos humanos são produzidos por idealizações. Se não sei quem eu sou, é bem provável que eu me adapte ao que os outros acham que sou. O achismo é sempre impregnado de idealizações. Ao nos reduzir existencialmente ao que os outros acham que somos, ficamos na obrigação de corresponder às compreensões redutoras que nos ofereceram. Por debilidade emocional ou por falta de autoconhecimento passamos a substituir a nossa verdade pelas opiniões dos que nos observam.

Este é um dos grandes equívocos dos nossos dias: as relações humanas substituem a verdade pelas idealizações. Queremos que o outro seja a concretização humana de nossas necessidades. Permanecemos com ele até que não nos satisfaça mais. Trocamos. Tentamos de novo. Voltamos a trocar. As paixões são avassaladoras, mas os desencantos também. Aplicamos às relações interpessoais a mesma regra que aplicamos aos bens de consumo. Usamos até que nos cansem. E assim vamos colecionando relações e os seus consequentes estragos. Todas elas despertadas e conduzidas de forma apaixonada, pouco refletida, pouco consciente.

O que podemos identificar nesses relacionamentos é que as pessoas não são focos de desejo, mas se limitam a ser focos de prazer. O prazer é passageiro, mas o desejo, não. Quando o outro cumpre o papel de ser o objeto do meu prazer, eu o reduzo à condição de coisa. Essa *objetificação* se caracteriza como sequestro da subjetividade. A alteridade foi esquecida, o valor da pessoa foi desconsiderado. A minha idealização reduziu quem digo amar à matéria de minha satisfação temporária.

Sob o enfoque do mito do amor romântico, o amor é muito mais que uma forma de amor. É todo um conjunto psicológico, tecido de expectativas e idealizações em que pessoas e realidades são inseridas. No mito do amor romântico, a paixão prevalece. Assim, cria-se a ilusão de que o foco da paixão condensa todas as soluções dos problemas existentes na vida. O outro acaba se tornando uma construção, cujos tijolos foram retirados dos insondáveis terrenos de nossas carências e necessidades.

No mito do amor romântico, a pessoa amada é vista, de forma consciente ou não, como a primeira responsável pela satisfação dos desejos e necessidades de seu amante. Uma forma de encantamento parece inibir a percepção da realidade, de maneira que a relação passa a representar um perigo para aqueles que dela fazem parte.

Sempre que falamos de mito do amor romântico, estamos, de alguma forma, evocando um inconsciente coletivo fortemente influenciado pela interpretação desse mito a respeito das relações amorosas. Jung, grande nome da Psicologia contemporânea, demonstrou, por meio de sua reflexão, que quando um indivíduo vive um importante e marcante fenômeno psicológico, um grande potencial inconsciente está vindo à tona, emergindo, prestes a manifestar-se ao nível da consciência. Segundo ele, o mesmo pode ser dito quando o assunto é coletividade. Do inconsciente coletivo de um povo pode surgir uma nova ideia, uma crença, um paradigma, que são mantidos por esse povo.

Histórias contadas pelo povo são histórias que narram sobre o povo. É assim. As construções míticas e as elaborações folclóricas de uma cultura revelam o bojo de suas compreensões e estruturas. Somos nós os escritores dos contos que nos contam.

A literatura é o lugar dessa revelação. As histórias construídas são expressões vivas do inconsciente coletivo que o escritor representa. Um exemplo disso são os contos de fadas. É impressionante o quanto eles são capazes de ser prenhes de significados. O mito do amor romântico está naturalmente expresso em alguns desses contos. Sabemos, por experiência, que contos de fadas são histórias fascinantes. Elas evocam o sonho que o ser humano tem de protagonizar uma história de amor perfeito. Amores homéricos, grandiosos, entre príncipes e plebeias, Bela Adormecida, princesa acorrentada na torre esperando por seu príncipe que virá montado em um cavalo branco. Tudo construído para tentar ilustrar o profundo psicológico de um povo que precisa resolver sua dificuldade de lidar com suas carências e necessidades. O amor e seus personagens fascinantes protagonizam aquilo que a humanidade gostaria de experimentar na carne real da existência.

Os personagens dos contos de fadas são construídos a partir dos mesmos elementos. O sofrimento sempre antecede o final feliz. A plebeia, odiada pela madrasta, é impedida de ir ao baile. O sofrimento do borralho, a humilhação das enteadas, o desprezo de todos. A fada, por sua vez, bondosa e complacente, retira a pobre moça de seu abandono e lhe confere uma magia que a possibilita participar do grande baile. O encanto está lançado. Mas esse encanto tem tempo definido para durar. Meia-noite é o limite para que o amor aconteça. E assim se dá. O príncipe reconhece na menina pobre, que agora não aparenta ser pobre, a mulher de sua vida. O encanto prevalece até que os ponteiros do relógio anunciem meia-noite. Desfeita a magia, o príncipe se põe a procurar a proprietária do sapato de cristal que ficou esquecido na escadaria do palácio real. Depois de prolongada busca, príncipe e plebeia se encontram, e, contrariando as expectativas da madrasta, casam-se e vivem felizes para sempre.

Dou-lhe um minuto. Deixe o livro e vá enxugar as lágrimas.

Veja bem. Nos mais diversos relatos de amor que pertencem à literatura, o mito do amor romântico prevalece no momento em que a realidade é construída a partir de seres humanos idealizados. O velho chavão que geralmente vem cravado no final das histórias – *e viveram felizes para sempre* – retira o amor de sua continuidade processual, que consiste em dificuldades no relacionamento, intrigas, infidelidades, dores e alegrias.

No mito do amor romântico, o sofrimento é sempre a porta da casa. Só o identificamos no início do relacionamento. Não há sofrimento na continuidade dos relatos. A expressão *felizes para sempre* funciona como uma negação do processo comum dos humanos, como se o amor fosse uma realidade que está distante de ser precária. O beijo final parece selar uma história em que não caberão limites e aborrecimentos. É a idealização da relação, em que cada parte deverá cumprir o papel de projetar e ser projetado como personagem que viverá feliz para sempre, e sem esforço.

Mas a vida real não corresponde aos relatos dos contos de fadas. Não estamos acostumados a encontrar fadas madrinhas que transformem, num toque de mágica, a borralheira em princesa admirável. O processo humano é doloroso. Nossos sapatos não são de cristal, nossos cavalos são mancos e não há carruagens paradas às portas de nossas casas esperando para nos levar aos destinos de nossos sonhos. A vida nos mostra que transformações mágicas não existem, da mesma forma como amores perfeitos estão distantes de nossos olhos. O que temos e podemos é a aventura de encontrar alguém, portador de qualidades e defeitos, e ao lado dele construir uma história de vida comum, felicidade que nasce do duro processo de sermos promotores uns dos outros por meio do amor que sentimos.

O conceito de amor não pode ser aprisionado por essa visão romântica, que não sabe considerar os limites como positivos para o crescimento humano. Tampouco pode reduzir o desejo à condição de prazer. O sonho que sonhamos não pode ser projeção infértil. Ele tem de estar preso à realidade, afinal, é nela que estamos sustentados.

A vida nos demonstra que a gênese das frustrações humanas está na inadequação entre aquilo que sonhamos para nossa vida e aquilo que de fato nos acontece. Somos incentivados a sonhar alto, a projetar grandes empreendimentos e a colocar nossos esforços para extrair o máximo que pudermos da vida. Não é nenhum problema pensar assim. O grande problema não está em sonhar alto. Isso é fácil. O difícil está em continuarmos vivos quando o pedestal da realidade não suportar o peso de nossas expectativas e dele cairmos.

Somos preparados para o sonho alto, mas ainda não aprendemos a nos manter vivos quando a vida é rasa. Nossa educação não costuma nos preparar para os fracassos. Não somos treinados para o último lugar do pódio, mas sim para o primeiro.

A infância é o tempo dos heróis. Homens e mulheres dotados de poderes extraordinários povoam o universo das crianças. É como se nosso limite original fosse esquecido cada vez que nos colocamos nas asas do Super-Homem, ou empunhamos o laço da Mulher Maravilha. A construção do herói está a serviço da projeção que nos retira da realidade. Infância é o tempo das idealizações. Todos nós fomos marcados pelos heróis de nossos tempos. Eles legitimavam nosso desejo de não sermos comuns. Legitimavam nossa insatisfação com nossa condição de limite e de precariedade. Um herói é, para uma criança, uma idealização que lhe permite criar um mundo próprio. Nesse mundo, joelhos esfolados não existem. O que existe é a força que não se dobra, é o braço que não se cansa, é o ser que não se rende, é o herói que nunca perde uma batalha.

Na saga dos heróis, todas as fragilidades humanas parecem redimidas. Neles e por eles deixamos de esbarrar nos limites que nos envergonham e nos expõem frágeis. Temos observado no Brasil a idealização de políticos. Sim, por mais incrível que possa nos parecer, cresceram as figuras que se construíram como "salvadores da pátria". Homens e mulheres comuns, com defeitos, qualidades, também propensos aos erros e desvios de caráter, perceberam a lacuna política que o Brasil construiu nos últimos anos. Surgiram como heróis. Intitularam-se como baluartes da moral e dos bons costumes. E quem validou a aura heroica deles foi o próprio povo. Eles fizeram a leitura do momento histórico. O povo estava sedento de uma liderança que pudesse colocar um fim à derrocada moral da qual a classe política padecia. Surgiram até os que se candidatavam aos cargos políticos assegurando não serem políticos. Uma estranha contradição. "Estou na política, mas não sou político." Muitos foram interpretados como heróis. A sede de ter alguém que pudesse fazer diferente fez com que o povo adotasse políticos de estimação. Ainda que uma ação de corrupção fosse provada pela Justiça, muitas pessoas não acreditavam. Mas por quê? Porque não queriam ver desmoronar suas ilusões. Melhor acreditar que é mentira do que ver seus heróis desmascarados. Pode nos parecer estranho, mas essa elaboração do outro como um herói que vai nos resgatar de todos os males que nos assolam também está, de alguma forma, enraizada no mito do amor romântico, que tantas vezes determina as realidades da vida, das mais simples às mais complexas.

Podemos identificar na verdade que, antes de o mito do amor romântico atingir as relações, ele atinge a forma como o ser humano interpreta a si mesmo. A visão romanceada do humano parece estabelecer uma inimizade entre a pessoa e seus limites. Mas quanto maior é a negação dos limites que nos são próprios, maior parece ser o domínio que eles exercem sobre nós. Falamos sobre isso anteriormente. A maturidade consiste em acolher as limitações que temos. Somente depois desse acolhimento nós estaremos reconciliados conosco e com os outros.

Pois bem, sair do contexto dos heróis requer esforço. Olhar para si e reconhecer que, mesmo sem possuir superpoderes, mesmo sofrendo de precariedades, é possível realizar-se na vida, será uma transição exigente. Um dos elementos que acena para nosso amadurecimento como pessoa é justamente nossa capacidade de enfrentar a realidade sem as facilidades da fuga.

É claro que a vida não é possível sem as projeções. O importante é estabelecer um equilíbrio entre aquilo que projetamos e aquilo que podemos esperar de nós mesmos e dos outros. Em cada pessoa existe uma condição, um estatuto que a identifica, como limites e possibilidades. O equilíbrio se dá nessa junção. Entre o que podemos e o que não podemos está o espaço do crescimento que nos favorece a conquista da condição de pessoa.

Um círculo não pode ser quadrado. Essa regra vale para o que estamos dizendo. O grande problema das projeções, que são próprias dos contos de fadas e que expressam bem o mito do amor romântico, é justamente a tendência humana de querer que o círculo seja quadrado.

Toda vez que recusamos os limites de nossa condição e nos imaginamos como heróis invencíveis, de alguma forma estamos desfazendo o equilíbrio que pode nos fazer crescer. A mesma coisa acontece nas relações. Há sempre o risco de querer fazer o outro ser a medida de nosso desejo. Por uma insatisfação pessoal, projetamos nele uma perfeição que gostaríamos de encontrar em nós mesmos.

No momento em que identificamos essa inadequação, no instante em que percebemos que o outro não é perfeito, desfaz-se o encanto. A Cinderela volta a ser gata borralheira, o príncipe volta a ser sapo, e o que antes dizíamos ser experiência de amor eterno transforma-se em amor que valeu enquanto durou.

As velhas histórias registradas no inconsciente coletivo das pessoas, em que heróis salvam suas princesas acorrentadas nas torres e depois vivem felizes para sempre, são registros que seguram essa desilusão constante no tempo. Elas se opõem radicalmente ao que consideramos ser amor de fato. Amar não é cultivo de perfeição, mas o contrário. É empenho de superação de limites. É cultivo constante que nos aproxima da realidade e que nos capacita para continuar desejando que o outro continue ao nosso lado. Amar é exercício de descobrir o que o outro tem de mais precioso, mas também de mais vergonhoso. Amores perfeitos só existem nas projeções. Ou nos jardins.

Amor perfeito? Só nos jardins

O único amor-perfeito que conheci ao longo de minha vida foi nos jardins. É uma florzinha miúda que tem uma beleza simples e que requer muito cuidado. O outro amor perfeito só existe nos livros e nas histórias das fadas.

O mito do amor romântico parece fortalecer nas culturas o desejo que o ser humano tem de encontrar no seu mundo exterior a solução para suas imperfeições. É quase uma camuflagem. Desejosos de curar as consequências de nossas precariedades, passamos a buscar nas coisas, nas pessoas e nas situações, o remédio que sanaria nossas incompletudes.

Como já falamos, o mito foi fortemente explicitado e incorporado nas culturas por meio de histórias que narram sagas de amores impossíveis e, por isso, perfeitos. O amor perfeito é sempre o amor impossível, o amor inacessível, o amor que não corresponde à realidade e que só se realiza nas obras de ficção ou na cabeça dos que muito imaginam.

Primeiramente, valeria a pena voltar nossa atenção ao próprio conceito de perfeição. Esse conceito está muito presente na cultura grega. No contexto da reflexão helênica, a perfeição é colocada como fim a que se destina o movimento do artista. A perfeição não é o caminho, mas a chegada. Dessa forma, o conceito não favorece o movimento, mas, ao contrário, sugere um lugar já alcançado, chegado. É perfeito porque é irretocável, pronto. É perfeito porque já está definitivamente estabelecido e já não necessita de qualquer forma de intervenção ou retoque.

Aqui nasce a questão que queremos analisar. Veja bem, diante da vida, que não é estática, tal conceito apresenta-se como amórfico e pouco sugestivo. Diante da ideia de que para ser perfeito é preciso que já esteja pronto e irretocável, temos uma contradição com a existência, que é processo constante de feitura e refeitura.

A partir do conceito grego de perfeição, nenhuma pessoa pode ser considerada perfeita, afinal, ninguém está pronto. Essa verdade fere profundamente a expectativa de todos os que esperam encontrar pessoas perfeitas para estabelecer suas relações humanas.

Nós, que sentimos regularmente na carne as consequências de nossas imperfeições, e não temos outro jeito de sobreviver a elas senão assumindo o movimento da vida como oportunidades contínuas de superação e aperfeiçoamento, quando nos encontramos com os outros, precisamos considerar que eles estão vivendo o mesmo processo que nós.

Somos imperfeitos, mas não estamos condenados a ser vítimas de nossa imperfeição, uma vez que a beleza da vida está em descobrir o movimento que pode diminuir as consequências do que em nós é imperfeito. O outro também não está condenado a morrer com seus defeitos. Dessa forma, num encontro de imperfeitos, surge um desejo concreto de juntos lapidarem suas humanidades, na busca de uma harmonia que podemos chamar de amor.

Mas nem sempre é isso o que ocorre. É quase um movimento natural na vida humana a busca por pessoas perfeitas que venham suprir nossas imperfeições. O poder do mito é que move essa procura. Inconscientes ou não, vivemos uma busca desonesta de pessoas que correspondam às expectativas de nossas projeções e idealizações. A perfeição enquanto ideal aninha-se em nossos inconscientes, alimentando a ilusão de que um dia encontraremos a pessoa perfeita que nos completará. Repare a contradição que há aqui. Não somos perfeitos, mas queremos realidades perfeitas, pessoas perfeitas, contextos perfeitos. É a ação inconsciente do mito a nos retirar da realidade.

Movidas por ele, as pessoas passam a acreditar em realidades ideais e procurar por elas. A pessoa ideal para casar; o lugar ideal para morar; a empresa ideal para trabalhar; a pessoa ideal para ser amiga, e por aí segue uma lista interminável. E o conflito se estabelece, ainda mais quando percebemos que pessoas que se sabem imperfeitas estão constantemente buscando pessoas e realidades perfeitas.

Estamos diante de uma inadequação que a todo tempo vemos acontecer. No afã de encontrar a perfeição tão desejada, as pessoas passam a imaginar. Olham, mas não veem, porque estão motivadas a enxergar só o que imaginam. Esbarram, mas não encontram, porque o encontro requer autenticidade. É justamente aqui que nascem os sequestros. É deste *não encontro* e deste *não ver* que muitas pessoas começam suas relações abusivas.

Começam a projetar umas nas outras suas necessidades e lacunas. Aos poucos, vão sendo preparados os cativeiros dos condicionamentos. Esses cativeiros se estabelecem a partir de pedidos de mudanças de comportamentos, atitudes e até mesmo de mudanças estéticas. A pessoa que imagina quer encontrar na pessoa imaginada o resultado do que foi idealizado. É uma tentativa de adequação entre o que o outro sonhou com aquilo que verdadeiramente ele encontrou.

Desse encontro nascerão duas condições: sequestrado e sequestrador. O que determina os lados do mesmo drama é a capacidade de rendição e de domínio de cada um. Há pessoas que têm uma facilidade imensa de dominar e determinar as relações que estabelecem. Há outras que são facilmente determinadas. A maneira como reagimos aos estímulos que o outro nos faz depende muito do nível de autoconhecimento que temos, mas também das circunstâncias emocionais em que nos encontramos naquele momento. A rendição, a submissão ao que o outro idealizou de nós, dependerão de como seremos capazes de fazer a leitura da trama existencial que o outro está nos propondo.

Num relacionamento que pode desembocar num sequestro da subjetividade, consciente ou não, a pessoa parece inventar a outra. E ao inventar, constrói cativeiros, uma vez que a *disposição de si* fica ameaçada. Aquele que imagina retira do imaginado o direito de ser o que é. Imaginar pode ser uma forma de negar a realidade.

Sobrepõe-se à personalidade uma espécie de máscara, que poderá se tornar definitiva, processo irreversível e causador de profunda infelicidade. Fernando Pessoa, o grande poeta português, nos fala dessa realidade em alguns versos do poema "Tabacaria", que escreveu com o heterônimo de Álvaro de Campos:

> Fiz de mim o que não soube
> E o que podia fazer de mim não o fiz.
> O dominó que vesti era errado.
> Conheceram-me logo por quem não e não desmenti, e
> [perdi-me.
> Quando quis tirar a máscara,
> Estava pegada à cara.
> Quando a tirei e me vi ao espelho,
> Já tinha envelhecido.
> Estava bêbado, já não sabia vestir o dominó que não
> [tinha tirado.
> Deitei fora a máscara e dormi no vestiário
> Como um cão tolerado pela gerência
> Por ser inofensivo
> E vou escrever esta história para provar que sou sublime.

O universo da reflexão do poeta é riquíssimo. O personagem que reconhece a *não vida* que a máscara lhe conferiu reassume, ao final da estrofe, a condição de *ser sublime*. Tornar sublime é o mesmo que purificar e, para que a purificação aconteça, é mister que reconheçamos o que é precário, o que necessita de sublimação. Para o poeta, retirar a máscara é assumir a precariedade que o falseamento lhe trouxe. A autenticidade lhe confere o direito de reassumir a vida, ainda que ao final.

O poema nos ajuda a pensar melhor a questão que estamos analisando. As máscaras representam as concretizações dos sequestros. Elas atestam que o processo de negação do ser chegou ao seu ponto alto. "Fiz de mim o que não soube e o que podia fazer de mim não o fiz." O roubo foi tão profundo que o outro, incapacitado de resgatar a parte roubada, viu-se obrigado a revestir-se de personagens e de máscaras. "Conheceram-me logo por quem não era e não desmenti, e perdi-me." Veja, há uma permissão. A não autenticidade abre portas para os equívocos. Os outros nos imaginam e nós permitimos o inadequado do que imaginam. Uma relação pautada no que do outro imaginamos, projetamos, será enormemente pesada para quem vive sob o fardo da projeção, mas também não fará feliz a pessoa que projeta.

Quando essa relação se prolonga no tempo, as pessoas envolvidas se fragilizam. Ambas sofrem a negação do ser. Aquele que imagina de alguma forma também se torna refém de sua projeção. Passa a querer e desejar o que não existe, o que não é real. E, quando desejamos dizer a verdade, nem sempre temos coragem.

"Quando quis tirar a máscara, estava pegada à cara. Quando a tirei e me vi ao espelho, já tinha envelhecido." Os mascarados não sofrem sozinhos. É um processo doloroso que atinge a muitos, pois um relacionamento doentio sempre reverbera. Conviver com quem optou pela inautenticidade é extremamente doloroso. Ficamos privados de dizer a verdade, pois na ambiência em que estão os que se imaginam e se deixam imaginar, não costuma haver espaço para os enfrentamentos que esclarecem.

O resultado de um relacionamento que não é pautado na realidade é a exaustão emocional. O gasto de energia para a mentira é muito mais elevado que para a verdade. Viver de projeções que não podem ser adequadas à realidade é o mesmo que não viver.

A experiência das projeções nos coloca dentro de um mundo sem sustentação; e mundo projetado não é mundo que realiza, nem faz realizar.

O príncipe e a sapinha sincera

Venha ser a minha Cinderela.
Não posso, o metrô não passa no seu bairro.
Eu a busco de carruagem.
Imagina, lá na minha rua as pessoas o apedrejariam.
Eu levo os meus guardas fiéis.
Eles seriam metralhados.
Então venha ser minha Rapunzel.
Não posso! Meu cabelo é longo, mas é aplique.
Mas eles parecem fortes.
Que nada! Já fiz muita escova progressiva.
Os fios estão fraquíssimos.
Então venha ser minha Branca de Neve.
Sou alérgica a maçã.
Eu substituo por uma nêspera.
Tenho medo de anões.
Eu os troco por príncipes.
Mas eu poderia me interessar por um deles.
Impossível. Minha beleza é insuperável.
Mas eu sou muito volúvel.
Deixará de ser quando me conhecer.
Desculpe-me, mas eu já tenho alguém.

Como assim? Eu sou o seu príncipe.
Aconteceu.
Quando?
Numa tarde.
Era primavera ensolarada?
Que nada. Um calor insuportável.
Como você o conheceu?
Quando aceitei uma proposta de emprego.
Onde?
No Sítio do Picapau Amarelo, em Taubaté.
É um Reino?
Não, interior de São Paulo, Vale do Paraíba.
Não conheço.
Está perdendo. Tem o melhor bolinho caipira do Brasil.
Eu não como frituras.
Eu como. Estou sempre acima do peso.
Fale-me desse rapaz. Como aconteceu?
Eu me apaixonei.
Ele também trabalha lá.
Ele não é um príncipe?
Não. Ele é o rapaz que interpreta o Visconde de Sabugosa.

Sequestros virtuais

As idealizações nos relacionamentos são perigosas. No contexto das ambições e possibilidades humanas, o ideal é tudo aquilo que compõe o objeto de nossa mais alta aspiração. Ele pode ser muito benéfico na vida humana, desde que esteja balizado pela realidade. Ter um ideal na vida é positivo. Viver para alcançá-lo movimenta constantemente a dinâmica da existência, evitando assim sua estagnação. Do ponto de vista filosófico, quem mantém vivo o elã vital é o ideal que interiormente cultivamos. O desejo, instância que articula e coloca oxigênio na vontade, impulsiona o ser humano na busca de seus ideais. Mas não podemos negar que, estando completamente desconectado da realidade, ele pode impossibilitar a vida real, fixando a pessoa em projetos de perfeições inatingíveis e idealizações impossíveis.

Um ideal só tem sentido quando não aliena, quando desempenha o papel de meta a ser buscada, quando aponta para um resultado final que empresta sentido ao processo da busca. Essa busca não pode estar desvinculada da realidade. O ideal só é benéfico quando é costurado à estrutura dos dias, quando envolve o contexto histórico da pessoa e a conduz para a dinâmica vivencial que aprimora. Em suma, o ideal só vale a pena se estiver preso à plausibilidade da vida.

Ainda na perspectiva dos malefícios que o mito do amor romântico provoca na vida das pessoas, continuamos a identificar a idealização do outro como forma de sequestro. A literatura que socializa a mentalidade do mito do amor romântico, perfeito, assegura que a pessoa ideal existe, e que é preciso intensificar o processo de busca. Termos como *alma gêmea* e *cara-metade* são muito comuns nessa literatura. Há encontros que resultam em relacionamentos abusivos que se estendem por muito tempo, mas há os que são breves como um sopro. Sim, a mentalidade também é responsável por relações transitórias, vaporosas. Pessoas se elegem e se desprezam com muita facilidade. Juras de amor eterno hoje, e amanhã nem uma satisfação pelo sumiço. É a vida e suas relações líquidas, fluidas. É o trânsito intenso de pessoas pelas avenidas da alma. Procura incessante que nem sempre tem final feliz como nos contos de fadas. As facilidades criadas pelas redes sociais, ocasionando um acesso fácil e rápido ao outro, provocam uma multiplicidade de encontros. A vida virtual está repleta de pessoas fingindo ser. Os disfarces são muitos. Por meio de perfis falsos, pessoas se apropriam de uma imagem alheia, usam fotos e circunstâncias da vida do outro para atrair incautos. Nesse ambiente virtual, que muitas vezes dificulta o conhecimento da verdade, o mito do amor romântico se alastra com muita facilidade. A virtualidade é um poço inesgotável de idealizações, gerando muitos equívocos amorosos. A vida com o filtro das telas fomenta uma compreensão desencarnada do amor. As pessoas criam as identidades que apreciam. Oferecem às outras uma ilusão. As falsas descrições induzem ao engano. As idealizações avançam e engolem a realidade. Pessoas revestem outras com uma aura de perfeição. Motivadas por carências afetivas, por necessidades inconscientes e conscientes, elas se arrastam pelo mundo imaginário que constroem. E ali passam a viver.

Foi justamente o que aconteceu com Maria Eugênia, uma mulher de 42 anos que tive a oportunidade de conhecer em São Paulo.

Certa vez, vasculhando sua rede social, ela se deparou com o perfil de Ricardo Matias. Bonito, Ricardo se descrevia como "um viajante amante da vida". No perfil, um vasto apanhado de fotos do rapaz em situações diversas. Encantada com o que viu dele, Maria Eugênia enviou uma mensagem. Ele imediatamente respondeu. A conversa rendeu. Descobriram afinidades, falaram sobre elas. Os contatos passaram a ser frequentes. Troca de mensagens no MSN, recurso muito comum num passado recente que permitia ficar conectado dia e noite. Trocaram fotos, vivências, informações. Em pouco mais de quinze dias, Maria Eugênia e Ricardo Matias já diziam apaixonados um pelo outro. As mensagens se intensificaram. Às vezes passavam noites conversando, fato que começou a prejudicar Maria Eugênia, que trabalhava como secretária numa clínica médica. Ricardo dizia ser representante comercial do ramo alimentício.

Com três meses de relacionamento virtual, Maria Eugênia sugeriu um encontro, já que ele morava em Ribeirão Preto, cidade relativamente perto de São Paulo. Ele disse que sim, que seria maravilhoso. Marcaram. Ele iria vê-la. Às vésperas do encontro, Ricardo disse que sua mãe havia adoecido, e que ele precisaria dar uma atenção a ela. Marcaram novamente. Maria Eugênia iria visitá-lo. Ele a receberia no apartamento que dizia possuir. Ela se organizou. Comprou passagem aérea, presentes para levar. Dois dias antes do embarque, Ricardo disse que infelizmente teria que adiar o encontro, pois havia aparecido uma viagem de trabalho. Frustrada, Maria Eugênia começou a desconfiar. Pediu a Ricardo uma prova de que a pessoa que falava com ela pelo MSN era o mesmo das fotos da rede social. Ela queria que ele a chamasse com a câmera do computador ligada. Ele o fez, mas Maria Eugênia não conseguia ver ninguém do outro lado. Ele alegou que a internet dele não era de boa qualidade, mas que eles poderiam se falar por telefone. E assim foi. Depois daquele dia, as conversas eram por SMS. O relacionamento ultrapassou seis meses. Maria Eugênia estava completamente envolvida. Fazia planos se casar com Ricardo, ter filhos. Ele alimentava os sonhos dela. Dizia-se muito apaixonado, que estava trabalhando para se mudar para São Paulo e que lá construiriam a sua família. Sempre pelo MSN e por chamadas telefônicas, o casal dividia o cotidiano. Estavam sempre conectados.

Mas um dia, ao ouvir que que estava visitando um cliente numa cidade do interior, Maria Eugênia pediu que Ricardo enviasse uma foto. Não demorou muito e o arquivo chegou. Quando abriu, viu que Ricardo estava numa rua que muito pouco se parecia com uma cidade do interior de São Paulo. Mas houve um detalhe determinante para que Maria Eugênia levantasse uma suspeita sobre a idoneidade do rapaz. Ela percebeu que a foto pegava um estabelecimento comercial que tinha uma fachada com frases em inglês. Desconfiada, ela pediu que ele fizesse uma foto da loja, pois achou um detalhe estranho. Ele desconversou, disse que não estava mais no local.

Pronto. Depois daquele acontecimento, Maria Eugênia resolveu se abrir com Selma, sua melhor amiga. Selma sabia pouco do relacionamento virtual de Maria Eugênia, pois tão logo começou a alertá-la sobre os perigos de tudo aquilo ser mentira, Maria Eugênia evitava tocar no assunto com ela.

Com as devidas autorizações, Selma entrou em ação. A primeira atitude foi fazer um boletim de ocorrência na delegacia, pois nos últimos meses, Maria Eugênia havia feito três depósitos numa conta que Ricardo indicou a ela. A desculpa era pagar despesas médicas da mãe. Segundo ele, a mãe precisou ser internada e ele não tinha a quem recorrer para saldar a dívida.

— Mas por que não posso fazer o depósito em seu nome? — perguntou Maria Eugênia.

A desculpa foi que ele estava em dívida com o banco, e que qualquer quantia que entrasse em sua conta seria imediatamente confiscada. Selma pegou os comprovantes dos depósitos. Todos foram feitos no nome de uma mesma pessoa. A cidade era mesmo Ribeirão Preto. Por se tratar de um caso que também se caracterizava como extorsão e falsidade ideológica, a juíza que recebeu o caso permitiu a quebra dos sigilos da pessoa que recebeu os depósitos. Selma pegou Maria Eugênia, viajaram até Ribeirão Preto e foram bater à porta de uma residência num bairro periférico da cidade. Quem atendeu foi uma senhora já idosa. Antes mesmo que perguntassem pelo nome de quem elas procuravam, surgiu na sala um rapaz numa cadeira de rodas. Tão logo ele viu Maria Eugênia, ficou ruborizado e tentou fazer um movimento de retirada. Selma o deteve.

— Então o senhor é o Ricardo Matias? — perguntou.

Ele fingiu não entender, mas Maria Eugênia se aproximou, segurou no braço da cadeira, e se limitou a dizer:

— Meu Deus, eu não acredito que eu perdi oito meses da minha vida me relacionando com uma pessoa que não existe.

Ricardo era Wesley, um homem de 37 anos que aos 16 sofreu um acidente grave, deixando-o paralítico. Respaldadas pela polícia local, Selma e Maria Eugênia descobriram que ele passava dias e noites na internet, passando-se por Ricardo Matias. Todos os vídeos e fotos que ele enviava a Maria Eugênia eram retirados do perfil de um jovem americano que morava em Michigan. Na análise das informações contidas no computador, a polícia descobriu que ele mantinha relacionamentos com oito mulheres e dois rapazes. Para todas essas pessoas ele se apresentou como Ricardo Matias. Foi o personagem criado por ele. Assumiu a imagem e a vida do jovem americano como sua.

Maria Eugênia precisava vencer as consequências daquele sequestro devastador. Estava diante do desafio de desamarrar a sua subjetividade das tramas daquela mentira. Um longo caminho de retorno precisava ser trilhado. A imagem do homem por quem ela se apaixonou existia, mas desconhecia a sua existência. Ele morava no outro lado do mundo. O corpo que ela tantas vezes desejou, admirou, existia, acordava e dormia numa rotina que não a incluía em nada. As longas conversas ao longo do dia e da noite eram com um homem completamente diferente das fotos. Um homem solitário, ferido emocionalmente, que descobriu no anonimato das redes a oportunidade de criar um delírio que pudesse fazê-lo esquecer, ainda que temporariamente, o quanto a sua vida era vazia e sem sentido.

Relações virtuais são um fato novo. Ainda não temos a exata medida do que elas causam. Coisas boas e ruins. Também é inegável o quanto as redes sociais passaram a incluir, dar espaço, proporcionar vínculos de empatia, respeito, amizade, a pessoas que antes viviam às margens. Quando pautadas na verdade das partes que se relacionam, elas podem ser fonte de alegria, realização e satisfação.

Superando as idealizações

As idealizações dificultam o nascimento de um relacionamento saudável. Elas costumam ser impostas pela nossa necessidade de encontrar nos outros o que deveríamos encontrar em nós. E vice-versa. Nós sabemos quem somos. Os outros nos imaginam. Os outros sabem quem são. Nós os imaginamos. Essas frases expressam bem o processo de inadequação a que anteriormente nos referíamos. No ato de imaginar, construímos a pessoa ideal. Mas pessoas ideais só existem em nossos mundos imaginários, construídos com os elementos de nossas necessidades. É dessa perspectiva que nasce a compreensão dita anteriormente, mas que vale ser ressaltada. Não existe pessoa *ideal*, mas sim pessoa *certa*. A pessoa certa condensa defeitos e qualidades, e a somatória de tudo resulta uma realidade pela qual nos interessamos. O ponto de partida e de chegada é a idiossincrasia que compõe a alteridade dos que encontramos. O encantamento não é resultado de um muito imaginar, mas de uma percepção que nos permite captar a realidade da pessoa que está diante de nós.

Quando o encantamento é resultado de nossa imaginação, a inverdade prevalece. Sendo assim, iniciamos o enclausuramento que poderá gerar um relacionamento tóxico, abusivo.

Mas tão logo percebermos que houve um equívoco, é preciso criar mecanismos que nos permitam abrir as portas desse cativeiro em que entramos, ou somos colocados. Ninguém precisa viver condenado a tão cruel aprisionamento. E uma forma de evitar esse desastre emocional é fazendo a manutenção da lucidez. É fundamental que vivamos em constante estado de presença, isto é, iluminados pela consciência, capazes de triar as paixões, favorecendo encontros reais, não idealizados. O estado de presença nos permite ser inteiros no que vivemos. Estando nele, nossas buscas ficam mais honestas. Incorremos menos no risco de procurar por realidades ideais. Substituiremos a dinâmica. Passaremos a buscar pelas realidades certas. A consciência nos esclarece que também não existe a profissão ideal. O que existe é a profissão certa. Pronto. Com o conceito de *certo* podemos resolver muitos impasses.

Tudo o que é *certo* refere-se a uma coerência. O relógio está certo? A pergunta quer saber se o relógio trabalhou com regularidade, isto é, se fez o que tinha de fazer. Se tiver trabalhado, estará marcando a hora certa.

Certo também diz respeito àquilo que é verdadeiro. Pois bem, a verdade não é expressão de perfeição, mas é demonstração da realidade como ela é. A verdade é a coerência estabelecida entre o discurso e a realidade sobre a qual o discurso foi feito.

Essa perspectiva é muito interessante. Muitos relacionamentos não são verdadeiros justamente por causa da ausência de coerência entre o discurso e a realidade. Aquilo que digo ser o outro não condiz com sua realidade. O outro não é absolutamente nada do que falei sobre ele. Ele é o fruto de uma projeção. Ele é ideal, e por isso não existe concretamente. Só existe na minha invenção.

Essa idealização só poderá deixar de existir no momento em que as pessoas se tornarem capazes de encarar o amor como uma equação matemática. É somatória de defeitos e de qualidades. O resultado final é fator decisivo para saber se a relação é satisfatória ou não. Enquanto as pessoas estiverem imaginando príncipes montados em cavalos brancos e princesas indefesas, acorrentadas em suas torres, a idealização continuará privando-as do melhor da vida.

Quando o encontro supera essas expectativas, e as pessoas descobrem a graça de se olhar como são, a relação passa a ser construída a partir da verdade de cada um. Com isso, deixam de viver a procura da pessoa ideal e passam a descobrir a pessoa certa. A regularidade do conhecimento, da conquista e a constante vigilância para que a verdade prevaleça favorecem o surgimento de um amor maduro e sem idealizações.

Mas nem sempre é o que acontece. Mergulhadas num contexto de idealizações, as pessoas passam a ter uma compreensão equivocada do amor. Na idealização, o amor é reduzido à paixão. A paixão é uma espécie de antessala do amor, mas ainda não é amor, porque não condensa os elementos necessários para um conhecimento do outro. A partir dos olhos da paixão, a visão é sempre turva. Vemos e, no escuro, imaginamos.

A paixão é diferente do amor justamente por causa disso. A paixão sobrevive de idealizações e o amor sobrevive de realidade. A paixão desinstala de uma forma infantil, tornando a pessoa vítima de suas fragilidades. O amor, ao contrário, amadurece e favorece a superação daquilo que a fragiliza. Como já dissemos, a paixão sobrevive de prazer. Já o amor sobrevive de desejo. Paixão só aprendeu a ficar por pouco tempo. O amor gosta é de permanecer a vida inteira.

Esse caráter temporário da paixão é necessário para a construção do amor. O processo que nos leva a conhecer outras pessoas sempre começa em visões de superfície. A profundidade só é alcançada à medida que adentramos respeitosamente os territórios do outro.

A paixão é o resultado da primeira vista, dos primeiros detalhes do território encontrado. A pessoa apaixonada costuma projetar o outro como o maior acontecimento de sua vida. É sempre assim. Todo apaixonado acha que agora encontrou o amor de sua vida. Mas, com o passar do tempo, se esse conhecimento não o conduzir ao encontro real, concreto, de defeitos e de virtudes pelos quais ele ainda continua apaixonado, a paixão dá espaço à desilusão e ao rompimento. O amor só pode acontecer nas pessoas que atravessaram a antessala da paixão. Somente depois de conhecidos limites e virtudes é que o amor é real. É por isso que as relações humanas são como pontes. Estamos sempre em travessia. Há sempre uma distância a ser percorrida, um passo a mais a ser dado no conhecimento do outro. O mesmo acontece no íntimo de cada um de nós. Estamos sempre descobrindo o território que somos, feito desbravadores que abrem caminhos nas matas densas para chegar ao coração do que procuram. Também nós precisamos superar leituras apaixonadas de nós mesmos. Estamos sempre passando pela ponte que nos retira das ilusões e nos dá à realidade.

Pontes são simbólicas. Estabelecem vínculos. Por elas cruzamos os obstáculos que dificultam nossa chegada ao outro lado. Quanto mais construímos pontes, muito maior será a possibilidade de conhecermos verdadeiramente quem somos e aqueles que fazem parte do nosso mundo. Toda construção simbólica faculta o desvelamento das realidades que nos desvendam.

O equívoco do amor

O rapaz pensou que amava. A moça estava certa do amor que sentia. Duas pessoas numa mesma relação e com perspectivas distintas. Namoro e casamento em um curto período de um ano. Ele, um advogado já bem-sucedido, apesar da pouca idade. Ela, uma contadora formada que ainda não sabia o que fazer com o diploma que recebera da faculdade.

O rapaz cresceu num contexto de muitas exigências. Ele não fora educado para perder. Desde muito cedo fez da sua vida uma coleção de reconhecimentos e premiações. O melhor no colégio, o melhor nos esportes e o melhor na faculdade.

Em casa, prevalecia uma frieza na relação com os pais. Amor real, mas distante, coisa de quem não descobriu a beleza de poder ser frágil e de ter um colo de mãe no qual se possa chorar. A moça, ao contrário do rapaz, possuía uma fragilidade assumida. Crescera num ambiente mais afetuoso, porém menos exigente. Carinho não lhe faltou, mas, no excesso de zelo que lhe dispensaram, os pais se esqueceram de educá-la para a coragem.

Os dois tinham riquezas; os dois tinham pobrezas. E assim eles se casaram. A relação foi fortemente marcada por conflitos. O rapaz quis que a moça se transformasse numa vitoriosa da noite para o dia. Ela não soube ser. Ele a projetou em tudo o que pôde, mas o resultado que esperava não aconteceu. Depois de alguns anos juntos, o casamento se desfez. A moça foi embora sem deixar muito clara a razão da desistência. O rapaz não conseguiu assimilar a perda. Buscou todas as justificativas para o rompimento. Alegou que a família não a deixava crescer e que as inúmeras interferências afetaram profundamente a relação dos dois.

Eu ouvi a história pelo lado do rapaz. Havia um sofrimento muito real em suas palavras. Desconforto por não saber a exata razão do rompimento.

Depois de demorada conversa, eu o desafiei a pensar a respeito de sua condição humana. Não queria que ele se resumisse ao momento presente, tampouco se reduzisse àquela decepção, mas que tivesse coragem de olhar-se com um pouco mais de amplitude. Compreender o momento presente requer recuo no passado. Há sempre um cordão costurando as histórias que precisa ser identificado. É ele quem nos leva ao desconhecido que precisamos conhecer.

Quis saber o jeito como ele foi criado. Como já dissemos, em sua educação não havia muito espaço para a fragilidade. Desde muito cedo sua relação com os pais o conduzira pelos caminhos das exigências. A conduta dos pais interferiu diretamente na feitura da sua personalidade. Tornou-se muito competitivo. E quem compete não gosta de perder. Era o caso dele. Aquele rapaz não sabia não estar no pódio. Todas as justificativas que ele usava para explicar o rompimento eram formas de eximir-se do fracasso. Nada era sobre ele, mas tudo sobre ela. Ele não queria reconhecer-se perdedor. Preferia relacionar a perda de sua mulher às influências da sogra, que, segundo ele, insistia em infantilizar a filha. Em nenhum momento foi capaz de elencar a sua participação no resultado ruim do casamento. Ele já havia decidido que a sogra fora a grande responsável pela derrocada da relação entre eles.

Depois de muito ouvi-lo, resolvi desafiá-lo ao reconhecimento do fracasso. Pedi que não justificasse nada, que esquecesse a sogra, as fraquezas da esposa, mas que apenas reconhecesse que, naquele momento da vida, o lugar do pódio que lhe pertencia era o último lugar. Ele me olhou assustado. E foi então que eu tentei convencê-lo de que perder não é tão vergonhoso assim, e que não saber perder é o mesmo que prolongar a perda. Ou assimilamos o que perdemos hoje, e assim perdemos de uma única vez, organizamos o luto e seguimos, ou então fingimos que não perdemos, e assim perderemos a vida inteira. Ele concordou.

Continuei desafiando-o. Perguntei se a razão de sua tristeza estava no fato de ter perdido alguém que ele realmente amava ou se estava somente lamentando ter fracassado na vida, colocando o casamento na mesma perspectiva de um fracasso ocasional de sua vida profissional. Ele não soube dizer. Perguntei o que mais lhe fazia falta do lar que havia sido desfeito. Ele disse que era da cachorrinha, que, na separação, ficou com a esposa. Confessou e riu envergonhado.

O rapaz, pelo pouco que pude escutar, havia investido muito para transformar a moça na mulher dos seus sonhos. Ele acreditara que poderia libertá-la de todos os condicionamentos que a família lhe legara. Para ele, afastá-la de seu contexto familiar seria o melhor jeito de ajudá-la. Ela preenchia todas as exigências que ele imaginava numa mulher que pudesse vir a ser sua esposa. Bonita, inteligente, bem-humorada, de família abastada. Ela era perfeita. Mas na convivência, percebeu que ela não tinha a força de vontade que ele julgava importante ter. Ele não queria que ela continuasse encarnando a fragilidade que tanto marcara sua personalidade ao longo da vida. Para ela, fez inúmeros projetos, mas nenhum foi adiante. Ele não soube conviver com a falta de empreendedorismo e determinação da mulher que elegera como esposa.

Achei interessante a história. Ela me confirmou o quanto as nossas idealizações são frutos de nossa história pessoal. Em última instância, tudo é sobre nós. Estamos sempre projetando sobre os outros o nosso mundo particular. O rapaz não suportava o fato de a família da moça continuar papariando-a, mesmo após o casamento. Conviver com aquela situação parecia evidenciar-lhe tudo o que na vida lhe fora ausente. Ele não tivera uma família como a dela. Seu ambiente não havia sido acolhedor como fora o dela. A riqueza afetiva da esposa evidenciava os seus prejuízos afetivos.

Incomodado por ver que ela tinha em excesso o que ele teve em escassez, ele a quis à sua imagem e semelhança. Toda sua postura de querer desvinculá-la da mãe era um modo velado de punição, como se, ao romper os vínculos que ele considerava infantilizadores, ele pudesse amenizar suas carências de filho. Suas atitudes estavam constantemente motivadas por um processo inconsciente que pode ser bem explicitado a partir da frase: "Já que eu não tive, você também não pode ter!" É claro que essa frase nunca foi dita, mas ela estava como pano de fundo na relação do casal, perpassando o esforço do rapaz em tornar a esposa uma mulher independente.

Por não ter tido a proteção necessária, o rapaz apreendeu boa parte da vida na solidão. Com isso, projetou em sua cabeça que a mulher ideal deveria ser também assim. Bonita, livre, bem-sucedida. Mas a mulher com quem ele havia se casado não era nada disso. Ele a quis construir.

Por amá-lo de verdade, conhecedora de quem ele era e do que ele pretendia, a moça até que tentou mudar. Mas as exigências eram demasiadas. Ela precisou abrir mão de quem era. Não havia honestidade na proposta para o seu crescimento, mas uma competição. O rapaz não sabia ficar sem competir. Em tudo ele queria ser o melhor. E, em nome de um amor que ele julgava sentir por ela, empenhou-se em torná-la órfã, com o objetivo de curar um pouco da própria orfandade.

Parece estranho, mas foi justamente isso que mais tarde ele pôde admitir. Corajosamente, ele me disse: "Não sei se em algum momento eu a amei de verdade!"

Relações dessa natureza são comuns entre nós. Sequestros velados. Pessoas que, na incapacidade de compreender os limites de suas histórias pessoais, passam a buscar nos outros os preenchimentos de suas lacunas. Amores que não são amores. Amores que se caracterizam como competições sórdidas, desumanas, ainda que pareçam cuidado e atenção.

Nem sempre nossas intenções são conscientes. Nem sempre agimos com clareza. Boa parte de nossas reações e atitudes obedece à ordem de nosso mundo inconsciente, em que a vida passada permanece atuando e determinando nosso jeito de ser. Tomar consciência das intenções que norteiam nossos atos é o primeiro passo para reorientarmos nossa conduta, retirando do amor que amamos o poder tão destruidor que tantas vezes lhe é inerente.

Conscientizar-se de que sua história como filho que não foi amado como deveria ter sido era a gênese de sua indisposição com a mulher com quem havia se casado foi um grande passo para a vida do jovem advogado. Não se trata de descobrir culpados ou inocentes. Trata-se de desvendar os papéis dos personagens da trama. O que ele não suportava em sua esposa era o que dele estava refletido nela. Vê-la frágil e cuidada pelos seus progenitores recordava-lhe também sua condição de homem frágil que, ao contrário dela, raramente havia encontrado abrigo para se esconder.

A fragilidade da esposa lhe recordava o que nele era insuportável. Ele também sempre foi frágil, mas nunca soube assumir, porque lhe faltou liberdade para isso. A família que ela tinha era a família que ele gostaria de ter tido. Mas, na incapacidade de reconhecer tudo isso, justamente por ser um processo inconsciente, ele revestiu esse desejo de uma forma cruel de aversão, minando cada vez mais a relação dos dois.

Ao dizer "eu não suporto a família dela", aquele rapaz, que colecionava causas vitoriosas, assumia, sem saber que o fazia, que a maior de todas as causas ele já havia perdido. Aquela família era o retrato de sua frustração. A fotografia revelava o que na sua vida sempre fora ausente. Olhar aquele quadro era insuportável, e por isso o desejo de ficar distante daquela cena.

O mais sábio teria sido tomar consciência de tudo isso antes da separação. Talvez assim teriam tido tempo para não deixar o desgaste acontecer. Em vez de rechaçar os cuidados da família dela, ele teria se deixado cuidar por eles também, podendo assim curar suas ausências com a família recém-chegada. Tentaria dosar a atenção exagerada com a coragem a ser alcançada. Os dois estavam nos extremos. Ele, na necessidade de aprender a ser frágil, ela, na necessidade de aprender um pouco de coragem para viver sem os vínculos que não a deixavam ir adiante. Ambos precisavam assumir um pouco um do outro. Mas não houve tempo para essa partilha. O casamento se desfez e o fracasso se instaurou de forma avassaladora. Não houve tempo para o amor real. O que houve foi a construção de uma realidade fortemente marcada pelo desconhecimento pessoal. Ambos perderam.

Egoísmo

Sinto falta de você.
Mas o que sinto falta
é de tudo o que é seu e que me falta.
Sinto falta de minhas faltas que em você não faltam.
Sinto falta do que eu gostaria de ser e que você já é.
Desonesto jeito de carecer, de parecer amor.
Hoje eu resolvi assumir as necessidades
que insisto em manter veladas.
Acessei o baú de minhas razões inconscientes
e descobri um motivo para não continuar mentindo.
Quero agora lhe confessar o meu não amor,
o sentimento que faço parecer ser.
Eu não tenho o direito de adentrar o seu território
com o objetivo de lhe roubar a escritura.

Amor só vale a pena se for para
ampliar o que já temos.
Você era melhor antes de mim, e só agora posso ver.
Hoje quero lhe confessar meu egoísmo.
Quem sabe assim eu possa
ainda que por um instante amar você de verdade.
Perdoe-me se meu amor chegou tarde demais,
se meu querer bem é inoportuno.
É que hoje eu quero lhe confessar meu desatino,
meu segredo desconcertante:
Ao dizer que sinto falta de você,
eu sinto falta é de mim mesmo.

Construindo relações simbólicas

O mundo começa na palavra que dizemos. A próxima palavra a ser proferida é sempre a nova oportunidade que recebemos de mudar a história. As palavras têm o poder de mover as estruturas. Por meio delas vivemos o processo da metanoia, palavra de origem grega que significa mudança de mentalidade.

Uma mudança só é consistente se, de fato, a palavra alcançou as profundezas da mentalidade. Nenhum comportamento será modificado se a mente que o produz não estiver verdadeiramente transformada. Mudar de mentalidade é assumir um novo jeito de interpretar a si mesmo, os fatos, as outras pessoas e o mundo. Por isso, as palavras são ditas, são escritas. Para que tenham a oportunidade de transformar as mentalidades.

A palavra pode ser simbólica ou diabólica. Depende do contexto e da forma como é dita. Como já abordamos, símbolo é algo que estabelece vínculo e que favorece alguma forma de compreensão. Diabólico é tudo o que põe obstáculo no caminho e dificulta chegar ao destino final. O símbolo encurta as distâncias, porque estabelece pontes. Por ele torna-se possível uma travessia que nos favorece alcançar outros lugares. Já o diabólico intrinca a compreensão, torna difícil chegar ao lugar a que nos propusemos.

O simbólico e o diabólico estão presentes em todas as formas de linguagem. Eles não se limitam ao contexto das palavras ditas, ou escritas, mas perpassam também o horizonte dos gestos.

Dentro dos ritos religiosos, o símbolo se presta a estabelecer um vínculo entre o que é material e o imaterial. Uma vela, por exemplo, assume o papel de ser ponte para nos levar ao horizonte da luz que não podemos ver, mas queremos alcançar. A luz do entendimento, da elevação espiritual. Religião é o contexto dos desejos que ainda não sabemos identificar. Experiência de fé é experiência de não saber dizer, mas que de alguma forma nos faz intuir que já sabemos. Quando dizemos que uma pessoa é iluminada, nosso jeito de dizer já está marcado pelo poder da linguagem simbólica. Há alguma coisa na pessoa que nos faz reconhecer as características que são próprias da luz, mas ainda não temos a perspicácia de identificar, por meio de uma linguagem lógica, o que na pessoa reconhecemos iluminado.

O diabólico também está presente nos ritos religiosos. Cada vez que a sacralidade do que queremos celebrar esbarra nos limites de nossa linguagem, podemos incorrer no equívoco de dizer ou representar, por meio de gestos, o absolutamente contrário do que gostaríamos. Quando, inflamado por uma ideia, um líder religioso recorre à agressividade para se expressar, ele pode criar um contexto diabólico no entendimento de seu ouvinte. Já a assertividade, que comporta uma fala mais enérgica, não. Um salmista desafinado, um instrumento mal tocado, podem ser elementos diabólicos dentro da liturgia, pois dificultam a elevação dos fiéis.

A problemática do simbólico e do diabólico perpassa todas as dimensões da vida. Como já mencionamos, as culturas humanas são construídas a partir de realidades simbólicas e diabólicas. Nossas relações cotidianas também são construídas dessa forma. O tempo todo, conscientes ou não, estamos estabelecendo pontes com as pessoas que encontramos, isto é, estamos sendo simbólicos; ou então estamos destruindo os lugares de travessia, assumindo assim a condição de diabólicos. Na história que vimos anteriormente, o que prevaleceu foi a falta de simbologia. Marido e mulher não construíram pontes, mas, ao contrário, aumentaram as distâncias.

Falar de relações simbólicas é o mesmo que falar de relações que nos fazem avançar. O símbolo nos favorece chegar. Passamos pelas histórias que encontramos, tocamos e somos tocados pelas pessoas que cruzam nossos caminhos. Falamos e ouvimos, sorrimos e choramos, enfim, nossa vida está constantemente contextualizada nas estruturas do simbólico e do diabólico.

Pensar nas estruturas simbólicas e diabólicas que sustentam nossas relações consiste em apurar ao máximo o destino que damos a nós mesmos e aos outros. Somos o resultado final dessas duas conjugações. Ninguém consegue ser simbólico o tempo todo, mas não creio que alguém possa ser constantemente dominado pelos impulsos que geram o diabólico. Estamos sempre cruzando o perigoso limiar que nos separa das duas perspectivas.

Relações simbólicas são capazes de nos fazer voltar para o que somos. Relações diabólicas nos distanciam de nós mesmos. Podemos nos reportar à temática que já apresentamos anteriormente a respeito do conceito de pessoa. A *disposição de si* carece ser alcançada para que o segundo passo do conceito, a *disposição ao outro*, possa acontecer. Disposição de si e disposição ao outro são duas realidades simbólicas. Nas duas formas de disposição, há uma integração necessária e fundamental sem a qual não é possível dispor de si, tampouco ser disponível ao outro. Essas duas disposições atestam a preponderância dos elementos do simbólico sobre nós.

É com base nessa premissa que podemos compreender que uma pessoa será mais pessoa à medida que não abrir mão das realidades simbólicas. O diabólico desintegra, mas o simbólico congrega. Por isso, quanto maior for o número de relações simbólicas estabelecidas, maior será o processo de conquista de si mesma que a pessoa viverá.

Toda e qualquer forma de sequestro da subjetividade implica rupturas dolorosas e esquecimentos de valores. Por isso, os sequestros são experiências de relações diabólicas. Não oferecem pontes, mas, ao contrário, cortam as comunicações, impedem travessias e superações. A prevalência de relações diabólicas em detrimento de relações simbólicas empobrece a vida humana, uma vez que o diabólico impede os encontros, em vez de proporcioná-los.

Estabelecer uma luta contra as estruturas que demonizam o mundo consiste em quebrar os cativeiros da mentalidade que nos ensinou a reproduzir, nas pequenas relações, as estruturas do diabólico.

Na infância, nas primeiras experiências que vivemos de socializações fora de nossos contextos familiares, são muito comuns as práticas do que hoje conhecemos como bullying, que é quando alguém se torna o ponto de convergência de chacotas, ridicularizações públicas, que podem gerar profundas feridas emocionais. Ao longo da vida, esse comportamento ganha novos formatos.

No mundo adulto, são comuns piadas, comentários depreciativos, preconceitos, intolerâncias que expõem o lado sombrio do humano, capaz de desenvolver agrupamentos que representam uma involução ao estado mais primitivo do nosso cérebro. A polarização política que identificamos em muitos lugares do mundo, mas sobretudo no Brasil, é um exemplo claro de como somos propensos aos movimentos diabólicos. Grupos de WhatsApp recriaram os contextos dos ataques tribais, quando um agrupamento, sentindo-se ameaçado por outro, pedia a sua imediata extinção. A era do ódio aboliu a dialética, o direito à diferença. As afinidades políticas passaram a definir o valor das pessoas. Se não é adepto do meu partido político, se não comunga dos mesmos ódios que eu, não presta, é mau caráter. A agressividade se multiplica nas redes sociais através de perfis falsos. Uma única pessoa é capaz de orquestrar uma avalanche de ataques à pessoa que precisa ser desmoralizada, humilhada, excluída.

O ser humano se distanciou de sua natureza reflexiva, tornando-se excessivamente reativo. A cultura do cancelamento é um retrato dessa nova antropologia, fruto da vida virtual. Uma pessoa é flagrada num erro e imediatamente é submetida ao tribunal das redes. Pessoas que também já cometeram o mesmo erro, pois a dimensão errante de nossa condição humana não nos abandona, sentem-se no direito de fomentar o ódio contra a pessoa que foi exposta em sua fragilidade. A punição estabelecida tem como finalidade o extermínio. Como não podemos mais colocar uma pedra sobre o assunto, como faziam as pessoas antes, pois a internet permite um acesso sem limites ao passado, a pessoa trará em si o estigma do erro. De vez em quando alguém fará questão de reacender o acontecimento, rotulando definitivamente a pessoa, privando-a de corrigir-se, crescer, superar os erros do passado, como convém a todos nós. Ninguém viveu assim antes de nós. Ainda não sabemos como isso poderá definir as novas gerações. O fato é que a vida virtual é um canteiro fértil para o florescimento do diabólico.

O que podemos perceber nos nossos dias é que estamos indispostos a estabelecer pontes, propensos a dificultar a cura, o reencontro, a reconciliação. Consequentemente, nós vamos cavando nossa própria solidão, normalizando o extermínio do diferente, promovendo a condenação eterna, gerando um mundo cada vez mais desprovido de misericórdia e do poder transformador das realidades simbólicas.

Quando deixamos de ser simbólicos, a solidão encontra espaço propício para crescer. E, o pior, cresce a partir da nossa solidão. Se, em vez de construir pontes, nós as destruirmos, de alguma forma estamos provocando o nosso isolamento. Não é apenas o outro que está privado de nossa presença, mas nós mesmos, sobretudo.

O fechamento é uma forma de suicídio. A opção por tudo aquilo que no mundo é diabólico é uma adaga que empurramos lentamente no peito. É um jeito de morrer aos poucos, de assumir a solidão mais profunda, a *ausência de nós mesmos*. Aquela solidão que, mesmo quando estamos acompanhados, ainda assim não deixa de existir.

Banquete

Que o seu chegar seja mais que
estar aqui.
Que seja o símbolo de um tempo
de demoras e permanência.
Deitarei a toalha branca sobre a mesa
e permitirei que suas pontas venham
cobrir também a minha alma.
Cada vez que nossa mesa é posta,
muito mais que um alimento,
a vida nos é oferecida!
Que seja assim.
Que nossa fome de amor
e de fraternidade seja sempre saciada
nos olhares dos quais nos serviremos.

Jesus e seu olhar simbólico

A história da humanidade já presenciou o surgimento de muitas personalidades simbólicas. São pessoas que construíram pontes para que a humanidade pudesse atravessar, chegar ao melhor de si, evoluir. Elas foram fundamentais para a quebra dos paradigmas que precisavam ser superados. No âmbito das Ciências, da Política, da Literatura, das Religiões, surgiram homens e mulheres com referendada capacidade de compreender o passado, reinterpretando-o, propondo uma nova forma de dar continuidade ao processo histórico. Interferiram com suas ideias, posturas, ações. Influenciaram mentalidades, comportamentos.

Francisco de Assis, Albert Einstein, Martin Luther King, Sigmund Freud, Madre Teresa de Calcutá, Viktor Frankl, Fiódor Dostoiévski, Irmã Dulce foram pessoas que provocaram verdadeiras revoluções em suas épocas. É assim que a humanidade evolui, avança: com a inquietude de uma pessoa que não se adequou ao status quo de seu tempo. Movida pela inadequação, começa a partir de si o mundo novo que seu íntimo propõe.

O cristianismo nasceu assim. Para os que creem, de um processo encarnatório que colocou Deus na história, vivendo nossa condição, menos o pecado, conhecendo a fragilidade e os prazeres humanos. Deus é homem, tem mãe, chora a morte dos amigos, sente sede, frio, calor, fome, cansaço, e pensa. O pensamento de Jesus gerou desconforto entre os que exerciam o poder político e o poder religioso de seu tempo. Com suas ideias inovadoras, provocou uma revolução que ainda não terminou. O cristianismo está em constante processo de vir a ser, pois o que Jesus propôs requer uma elevada desenvoltura espiritual. Jesus instituiu uma nova forma de compreender e lidar com o Sagrado. Nós, cristãos, somos ruptura e continuidade.

Nascemos do judaísmo, herdamos o Antigo Testamento da tradição judaica, mas também construímos o Novo. Hoje, na condição de homem cristão, recebo o grande desafio de honrar o sangue de minhas origens. Trago comigo a tradição milenar que culminou na encarnação de Jesus, o Verbo Divino. Depois dele, todos os caminhos precisam conduzir o ser humano ao melhor de si.

Por isso, quando nos referimos à responsabilidade de assumir a dimensão simbólica como proposta de vida, o contexto cristão é de uma riqueza insondável. A tradição que nos trouxe até aqui, marcada por muitos erros, contradições e equívocos, pois somos humanos, foi permeada por muitos homens e mulheres que entraram na história pela força de suas travessias cristãs, vivendo de forma única a proposta de Jesus, vencendo os obstáculos impostos por suas personalidades, superando os condicionamentos a que foram submetidos, alcançando um alto nível de aperfeiçoamento humano. No cristianismo, essas pessoas são elevadas à condição de santas. Para ser santo é necessário elevar ao máximo, na história pessoal, a vivência de uma virtude evangélica.

Todo modelo de santidade cristã tem sua raiz na pessoa de Jesus, que é a grande manifestação de Deus encarnado. Nele, toda uma Antropologia é proposta, de maneira que, na expressão bíblica de Pilatos *eis o homem*, a humanidade recebe a plena revelação de sua condição. A Teologia cristã considera que todo discurso sobre Deus é também um discurso sobre o ser humano, de maneira que a plenitude da revelação de Deus, em seu filho Jesus, está a serviço do autoconhecimento que a humanidade precisa experimentar. Em Jesus, os cristãos encontram o modelo a ser seguido. Um referencial a ser observado e que precisa permear ações, palavras, sentimentos e pensamentos. O tornar-se cristão é um processo, pois implica em incorporar, por intermédio do auxílio divino, as virtudes de Cristo.

Jesus se apresentou em seu contexto histórico como um construtor de pontes. Todos os seus ensinamentos remetem a uma conversão, uma travessia que nos retira da escravidão e nos encaminha à liberdade. Sua vida e missão sempre estiveram voltadas para repatriar os que estavam fora da vida social, política e religiosa de seu tempo. A categoria sempre usada em seu discurso, *Reino de*

Deus, refere-se à antecipação histórica que podemos viver da promessa bíblica expressa no conceito de *terra prometida* como lugar de *felicidade e harmonia*. Sua pregação não é projeção de um céu imaginário, ideal, mas é uma pregação que não desconsidera o fio da história, atando-o constantemente às promessas escatológicas e futuras. Sim, antes de nos motivar a conquistar a eternidade, o cristianismo nos propõe construir um paraíso aqui, neste tempo que temos. A eternidade será uma consequência natural do bem viver.

Jesus desperta a dimensão sublime das pessoas. Por isso os seus discursos são sempre simbólicos. Neles prevalece um ensinamento que extrapola o significado das palavras. Na condição de pontes, as palavras dilatavam o coração dos ouvintes, propondo-lhes fazer o mesmo que fez o povo de Israel: atravessar o deserto, fazer a travessia que lhes proporcionaria alcançar a libertação.

É interessante identificar que, no contexto histórico de Jesus, o sequestro da subjetividade já acontecia. Ele era constantemente promovido pelas autoridades religiosas e políticas de seu tempo. Cultos e impostos serviam como instrumentos de fragilização do tecido social, por meio da exclusão dos menos favorecidos. Veja bem que a palavra de Jesus sempre esteve comprometida com a libertação dos que estavam cativos. E ele era profundamente conhecedor da força transformadora do símbolo. Falava constantemente por meio de parábolas, histórias que propunham uma forma de entendimento que tinha um poder libertador. Enfrentou os cativeiros daquele tempo por meio de uma força incomum: a palavra simbólica e os gestos poéticos. Sua força não era física. Aos sequestrados do seu tempo ele dirigia a fecundidade de seus gestos poéticos, de suas palavras assertivas, e assim os libertava de seus cativeiros. Vale a pena recordar uma sequência narrada nos evangelhos sinóticos que testemunha muito bem a força desses gestos.

A cena é dramática, mas é também fascinante. Uma mulher está prestes a ser apedrejada. Foi pega em adultério. A lei de Moisés prescrevia condenação pública à morte para esses casos. O assassinato permitido estava prestes a ser consumado. A mulher está cônscia de sua situação. Sabe que não há o que fazer, nem há a quem recorrer. A multidão está convencida de que o certo se cumprirá. Matar em ambiente público contribui para a manutenção da ordem, recorda que a sociedade precisa viver de acordo com as prescrições da lei. O acontecimento coincide com uma passagem de Jesus pelo local. Ele observa a multidão enfurecida se preparando para o ato definitivo. As vozes uníssonas gritam a sentença. Não há o que fazer. A mulher será morta. O que agora descrevemos não está relatado, mas podemos imaginar.

No meio de tantas vozes que gritavam, Jesus não tinha muito o que fazer. É muito difícil ser voz única, gritando uma sentença diferente no meio de uma multidão enfurecida, movida pelo ódio coletivo. Jesus tinha uma opinião diferente, mas sua voz não era o suficiente para se sobrepor aos gritos que sugeriam o absolutamente contrário do que ele estava pensando. Certamente ele fez um esforço de adentrar a multidão para que tivesse um acesso maior à condenada. Deve ter aberto discretamente espaços entre as pessoas que circundavam e compunham a moldura daquela cena.

Com algum esforço, Jesus chegou perto da mulher, mas preferiu não gritar. Utilizou-se de uma linguagem que é infinitamente superior à linguagem das palavras: o olhar. Fixou os olhos na mulher e começou a dizer, sem dizer, tudo o que ela precisava ouvir naquele instante. Numa fração de segundos, Jesus varreu os fatos que antecederam à construção daquele cenário de morte. Num movimento de recuo ao passado, viu cada passo existencial que construiu a tragédia humana que estava diante dos seus olhos. O passado explicando o presente, como tem de ser. O pretérito derramando entendimento sobre o agora da vida, a aparente incoerência sendo perdoada, porque quando a realidade é exposta, revelando a injustiça que costura nossos julgamentos, o resultado é a imposição da clemência, do amor incondicional. Sim, o resultado da verdade é a misericórdia.

Jesus sabia, soube naquela fração de encontro. Aquela criatura jogada ao chão protagonizava a dura experiência de um sequestro que durou sua vida inteira. Entregue à prostituição desde muito cedo, a mulher experimentava naquela hora o risco de morrer sem que alguém lhe pagasse o valor do resgate. Ela estava roubada de si mesma. Os muitos homens e mulheres que deitaram em sua cama cavaram nela o abismo do autodescrédito. Essas pessoas a sequestraram aos poucos. Levaram dela o amor-próprio, fazendo-a esquecer seu valor, sua dignidade. Por isso, ela se entregava ao suplício do apedrejamento. É possível que ela tinha sido moldada pelo desrespeito dos que fizeram de seu corpo um objeto a ser usado e descartado. A vida em constante estado de miséria emocional pode ter favorecido a condição de vítima. Os sequestradores fizeram com que ela acreditasse que o cativeiro era sua prisão definitiva.

Jesus consegue chamar sua atenção. Ela repara que ele pretende dizer alguma coisa. Ela quer ouvir, mas a multidão não se cala. De repente ela está fisgada pelo olhar de Jesus. Entende que é olhando que ele diz. E ela quer ouvi-lo. O olhar ergue a ponte. E por ela começam a passar os sentimentos de Jesus. A mulher é imediatamente arrebatada. A multidão foi aos poucos sendo emudecida pelo encontro entre eles. As vozes aflitas, hipócritas, moralistas, legalistas, diabólicas começam a perder a urdidura de antes.

Embora permaneça rodeada pela multidão, ela está a sós com Jesus. O olhar simbólico do mestre de Nazaré começa a devolver àquela mulher tudo o que a vida havia lhe retirado. Era como se os portões de um porão escuro recebessem uma chave iluminada de novas esperanças. Ela percebe que eles não falam a mesma coisa que a multidão. Nos olhos daquele homem recém-chegado ela identifica um poder superior a tudo o que já tinha encontrado na vida. Eram olhos que possuíam o dom de realizar devoluções. Naquele olhar estava sendo devolvida a sua dignidade, o seu desejo de continuar viva, de reencontrar o sentido do seu corpo, e até mesmo alimentar a esperança de um amor que chegaria para ficar. Aqueles olhos a devolviam a si mesma. Ela, que tantas vezes fora roubada, levada de si, agora estava diante de um homem que lhe restituía o que a vida lhe levara.

E eis que a coragem a domina. Ergue-se; e no ato de erguer-se assusta a multidão que não entende o gesto. Um silêncio definitivo se estabelece sobre as poucas pessoas que ainda murmuram suas condenações. Certo de que a mulher já está pronta para o que ele iria fazer, Jesus toma a palavra. A multidão silenciada o escuta atentamente. A sua interferência verbal é simples. Apenas pondera que quem não tivesse pecado deveria jogar a primeira pedra. A frase coloca as pessoas diante do espelho de suas hipocrisias. Ainda que enfurecidas, porque um moralista dificilmente é capaz de reconhecer que tem enorme prazer de condenar no outro o que não suporta em si mesmo, as pessoas começam a abandonar o lugar.

As palavras de Jesus quebraram a lógica da lei. Uma frase simples, mas simbólica, foi capaz de estabelecer pontes, conduzir os condenatórios aos recônditos de suas misérias. Lá, onde a consciência impera sobre os disfarces, foram confrontados pela verdade que a tudo esclarece.

Aquela que estava prestes a ser morta retornou à vida. O cativeiro foi aberto. O resgate foi pago. A libertação foi gerada por um olhar simbólico, pleno de significado, capaz de devolver à mulher a condição de pessoa. Jesus proporcionou a ela uma reinterpretação de si. Ela então distinguiu-se de seus erros, viu-se como alguém que erra e não como alguém que é um erro. A redescoberta de seu valor como pessoa foi fundamental para que ela aceitasse a ajuda que Jesus estava lhe oferecendo. Antes de recobrar as forças que a encorajaram a sair do cativeiro construído ao longo da vida, ela necessitou alçar dentro de si o valor que lhe era intrínseco e que a multidão insistia em negar.

Na experiência de ser quem somos, estamos constantemente vivendo a dinâmica da cena descrita no evangelho. Ou porque atuamos na condição de acusadores, ou porque atuamos na condição de acusados. Nem sempre é fácil prestar atenção no olhar que se distingue de todos os outros. O olhar que nos recorda quem somos, que nos permite um sentimento contrário ao que nos instiga os que nos condenam. A multidão parece ter mais força. Também não é fácil ser portador de um olhar raro, redentor. É mais fácil integrar a multidão e suas soluções simplórias, hipócritas. Interpretar a lei ao pé da letra dá menos trabalho que descobrir as chaves que nos possibilitam interpretações mais elaboradas.

Há sempre uma cena semelhante à do Evangelho sendo construída ao nosso lado, diante dos nossos olhos. Como reagimos é uma questão de escolha. Ou vivemos para gritar o grito fácil, a demonização democrática, ou vivemos para simbolizar, e assim fazemos a diferença no mundo.

Olha devagar para cada coisa.
Aceita o desafio de ver o
que a multidão não viu.
Em cascalhos disformes e estranhos
diamantes sobrevivem solitários.

Eu procuro por mim
tal qual o artesão procura sua arte
escondida nos excessos
da matéria bruta de seu mármore.

Abrindo os cativeiros

É hora de reação. A provocação foi feita. Neste mundo de sequestrados e sequestradores há sempre um detalhe da história que nos diz respeito. Ou porque promovemos o sequestro de alguém, ou porque estamos vivendo os lamentos de um cativeiro em que fomos colocados, ou porque simplesmente descobrimos que há aplicações deste texto em nossa vida. Não importa onde estamos. O que importa é aonde podemos chegar. Não importa o que fizemos até agora, mas sim o que podemos fazer com tudo o que fizemos até agora.

Nunca é tarde para abrir cativeiros. Ou para que o outro saia ou para que nós saiamos. A qualidade da nossa vida depende da qualidade de nossas relações. Reorientar a conduta, sobretudo quando identificamos os desvios que nos levam para longe de nós mesmos, é a atitude mais sábia que podemos adotar. Reassumir a capacidade de voltar à posse do que somos e consequentemente dar ao outro o melhor que podemos oferecer é um modo que temos de avançar no processo de nosso amadurecimento humano.

Humanidade é processo a ser construído. Somos mais humanos à medida que somos livres, resgatamos os cativos e lhes devolvemos o direito de serem livres também. Promover a liberdade, defender e propagar a força da postura simbólica é um meio eficaz de traduzir o Evangelho nos dias de hoje.

Há muitos cativeiros a serem abertos. Há muitas prisões a serem quebradas. Preconceitos, visões apressadas, conceitos distorcidos, desumanizações em nome de Deus, cativeiros em nome do amor. Gente dominada, sem vontade própria, entregue aos poderes de gente diabólica e dominadora.

Uma coisa é certa. O perigo do sequestro da subjetividade mora ao lado, e de alguma forma ele já nos atingiu. Em proporções diversas, em intensidades diferenciadas, esse malefício já nos esbarrou. Mas cá estamos nós. O importante é permitir que a reflexão nos envolva e nos proponha novos posicionamentos. Repensar as relações que foram marcantes em nossa vida ajuda-nos a analisar os caminhos que precisamos abandonar e os que precisamos iniciar.

Perguntas são sempre bem-vindas na vida de quem deseja evoluir. Há perguntas que não precisam ser respondidas com pressa. Elas pertencem ao mundo da reflexão, que não se interrompe. São perguntas que possuem o dom de fertilizar o plantio que somos nós. Elas funcionam como condutoras de nossa evolução. É refletindo que avançamos, quebramos os paradigmas que já deixaram de nos nutrir existencialmente. É perguntando que se vive.

É pouco provável que você tenha chegado ao fim deste livro sem que tenha se identificado com algumas questões que aqui foram tratadas. E não é sem motivo. Este não é um livro que nasceu de um arrebatamento teórico, um encantamento filosófico, teológico, mas é um livro ditado pela vida. Embora ele tenha sido perpassado pelas teorias que me acompanham ao longo da minha trajetória, ele não partiu delas. Foi o contrário. Ele nasceu de encontros, da vida que antes eu vi, ouvi e vivi. Somente depois eu quis escrevê-lo. Antes, a vida; depois, o livro.

É por isso que eu gostaria de finalizá-lo do mesmo jeito que ele começou em mim. Com perguntas. Dessa forma, ele não termina, mas se desdobra em você, permitindo-me a proeza de continuar escrevendo de maneira eficaz e frutuosa. Se este livro continuar em você, fazendo com que ande pelos caminhos instigantes de sua construção humana, então já valeu tê-lo escrito. Se minhas reflexões nele expostas despertaram o seu interesse, fomentaram uma reflexão, e consequentemente o levaram a agir com mais clareza e qualidade, então já valeu ter-me feito a primeira pergunta, a que originou o assombro inicial, aquele que nasceu no momento em que ouvi uma recém-conhecida falar de sua relação doentia com seu namorado. E assim, dando continuidade ao processo que não pode parar, deixo algumas perguntas para que este livro não termine em sua última página escrita.

Dos relacionamentos que você já teve, quais foram as ocasiões em que verdadeiramente você sentiu ter se tornado uma pessoa melhor? Quais são as pessoas que passaram pela sua vida, que alteraram positivamente o seu jeito de ser, pensar, falar, sentir e viver? Quais são as boas saudades que elas deixaram?

Quem foram as pessoas que mais favoreceram seu crescimento afetivo, proporcionando-lhe uma relação em que pudesse entrar em contato com seus defeitos, qualidades, e, consequentemente, ajudaram no seu processo de tornar-se pessoa? Onde é que você pode identificar, nas páginas de sua história, os acontecimentos em que sua liberdade foi promovida por alguém? Você consegue identificar quando e com quem você fez o mesmo por alguém?

O contrário também precisa ser perguntado. Quais foram as pessoas que mais deixaram marcas negativas dentro de você? Quais são as piores lembranças que estão registradas em sua memória afetiva? Quantas e quais pessoas desempenharam em sua vida o papel de sequestradoras, conspurcando sua liberdade interior, desrespeitando sua alteridade, subjugando sua subjetividade aos territórios minguados de um amor possessivo, desumanizador?

Quantas vezes você pôde identificar em seu coração um jeito estranho de querer possuir o outro, impedindo-o de exercer sua liberdade? Será que você é lembrança doída na vida de alguém? Será que já construiu cativeiros?

Será que você já foi capaz de pagar o resgate de alguém? Com sua palavra, com sua atitude, com o seu jeito de viver? Já fez por alguém o mesmo que Jesus fez pela mulher pega em adultério, ousando não condenar quando a regra era condenar e punir?

Será que já idealizou demais as situações, as pessoas e por isso perdeu a oportunidade de encontrar as situações e as pessoas certas? Se hoje você tivesse que classificar sua postura no mundo, você se definiria como uma pessoa simbólica ou diabólica?

Sejam quais forem as respostas, não tenha medo delas. Mais vale uma verdade amarga que tenha o poder de nos fazer crescer do que uma mentira adocicada que nos mantenha acorrentados no cativeiro da ignorância. O conhecimento ainda é o melhor remédio para o despertar da consciência. É mergulhando no precioso oceano de nossas verdades que identificamos as incoerências que precisamos deixar de cultivar. Hoje é dia de resgate. A porta já foi aberta. É hora de sair.

Há pessoas que nos roubam.

Há pessoas que nos devolvem.

Este livro foi composto na tipografia GT Super Text,
em corpo 10,5/15, e impresso em papel off-white
no Sistema Cameron da Divisão Gráfica
da Distribuidora Record.